Pieter J. van den Berg

Freud, Moses und die monotheistische Religion

Pieter J. van den Berg

Freud, Moses und die monotheistische Religion

Ein Essay

Aus dem Niederländischen übersetzt von
Annette Löffelholz

Frank & Timme
Verlag für wissenschaftliche Literatur

ISBN 978-3-86596-446-5

Herstellung durch das atelier eilenberger, Taucha bei Leipzig
Printed in Germany
Gedruckt auf säurefreiem, alterungsbeständigem Papier.

www.frank-timme.de

Inhaltsverzeichnis

Vorwort

Dieses kleine Buch hat es in sich. Es ist zwar klein von Format, aber die Anforderungen die es an den Leser stellt, sind durchaus groß zu nennen. Es behandelt im wörtlichen Sinn tatsächlich Gott und die Welt, wenn auch der letztere Begriff beschränkt bleibt auf die Welt des menschlichen Denkens und ihre Entwicklung in intellektueller wie auch in ethischer Hinsicht. Und dies vor allem von den ersten Anfängen der Menschheit ab. Durch die Zufügung „wie auch in ethischer Hinsicht" entkommt natürlich auch die Entwicklung des menschlichen Handelns nicht den Betrachtungen dieses Buches.

Eine weitere Beschränkung liegt darin, dass Van den Berg sich vor allem darauf konzentriert, wie Sigmund Freud, hier jetzt nicht auftretend als Psychiater von Individuen, sondern als Anthropologe, sich in diversen Äußerungen vorgestellt hat auf welche Weise diese Entwicklung zustande gekommen sein könnte. Hierdurch wird der Leser konfrontiert mit äußerst wichtigen elementaren Fragen über das Wesen der Menschheit.

Während also Freud in diesem kleinen Buch die Hauptperson ist, werden neben ihm viele Alt-Testamentariker, Archäologen, Paläontologen und andere Wissenschaftler zitiert, die aufgrund ihres Wissens über diese Fragen relevante Beiträge geliefert haben. Durch diese Ausflüge aus dem, durch die große Persönlichkeit und die kreative Fantasie von Freud sonst vielleicht zu viel beherrschtem Haus der Psychoanalyse, wird das Lesen von Van den Berg's Text zu einem großen intellektuellen

Abenteuer. Das wird deutlich, wenn man bedenkt, dass das kleine Buch auf nicht weniger als 122 Zitatstellen hinweist.

Dass Van den Berg intellektuellen Abenteuern durchaus nicht aus dem Weg geht, erweist sich auch schon daraus, dass er ausgerechnet mich (H.J.G.M.) gebeten hat, dieses Vorwort zu schreiben. Dies ist darum so bemerkenswert, weil auch ich persönlich einerseits große Bewunderung habe für die Fantasie, Kreativität und Originalität von Sigmund Freud und mir völlig bewusst bin, dass wir ihm einen unauslöschlichen und großen Beitrag zur europäischen Kultur zu verdanken haben. Andererseits jedoch ist mir Freud's Denkweise und Methodik, so wie sie mir aus Van den Berg's Buch dargestellt wird, nicht immer geheuer. Das erweist sich schon aus der einfachen Tatsache, dass ich davon überzeugt bin, und Van den Berg war mit meiner Überzeugung bekannt, dass in der Geschichte praktisch alle wichtigen Geschehnisse durch die simultane Einwirkung von verschiedenen historischen Kräften zustande kommen und dass es also kaum etwas in der Geschichte gibt, das monokausal verursacht ist. Die Fixierung von Freud auf ganz frühe Traumata – auch eines Volkes – kommt also der, von mir nicht geschätzten, Monokausalität als Geschichtserklärung sehr nahe.

Die hierdurch drohende Gefahr von zu großer Einengung des Themas wird jedoch weit gehend kompensiert durch die Erudition und große Belesenheit des Autors dieses Buches. Hierdurch entstehen von Anfang an überraschende intellektuelle Herausforderungen an den Leser. So ist die zentrale These von Freud, die er meiner Meinung nach ziemlich plausibel macht, dass die Juden in der

Wüste ihren Befreier aus Ägypten, Moses, ermordet haben. Das Schuldgefühl hierüber wird nun, ein paar Seiten weiter in Van den Berg's Buch, für Freud die einzige Ursache für den Charakter der Juden und vor allem für das viele Leiden, das sie im Laufe der Geschichte haben ertragen müssen.

Hier gegenüber kommt nun Van den Berg mit einer sehr interessanten anderen Hypothese. Er akzeptiert eine in der Paläontologie geäußerte Vermutung, dass in der Sinai Wüste während 30.000 Jahren sowohl Neandertaler-Menschen wie auch Homo-Sapiens-Menschen nebeneinander gelebt haben. In einer gewissen Periode gab es Mangel an Nahrung und Wasser, wobei es zu einem Streit auf Tod und Überleben zwischen den beiden Gruppen gekommen sein soll, den der intelligentere Homo Sapiens dann gewonnen hat. Van den Berg geht dann weiter und zieht nun auch den Text der Bibel heran mit der Vermutung, dass der Genozid an den Amalekitern vielleicht eine Wiederholung des vorangegangenen Genozids an den Neandertalern durch Homo Sapiens war.

Hier nun zeigt sich in Van den Bergs Hypothese erst einmal eine gewisse Überbewertung der frühsten Jugenderlebnisse. Denn, mit oder ohne Traumata, das sehe ich natürlich auch ein, bestimmen sie sehr grundlegend den Charakter eines Menschen, und sind dadurch auch stark mitbestimmend, wie dieser Mensch auf eventuelle spätere Traumata reagiert und sie verarbeitet. Dass aber gerade Pieter Van den Berg den auch bestimmt anwesenden Einfluss schwerer sequenzieller Traumata auf die erwachsene Persönlichkeit nicht erwähnt, ist darum bemerkenswert, weil er selbst diese Erfahrung wohl hat, nämlich damals, als er mit einer beschränkten Überlebenschance ein schlimmes Konzentrationslager der Japaner in Indonesien überlebte. Es wird wohl von kaum einem Menschen geleugnet werden können, dass das Wesen des heutigen Judentums, vor allem in Israel, aber auch in allen anderen Ländern, sehr stark mitbestimmt ist durch das große kollektive Trauma des Holocausts. Denn wie schon erwähnt, war auch Freud davon überzeugt, dass völkerartige Gruppen geprägt werden können durch das Erleiden von kollektiven Traumata.

Um zu zeigen wie weit mich die Lektüre von Van den Berg's Text beeinflusst hat, möchte ich dieses Vorwort beenden mit einer Interpretation von Freuds Behauptung, dass die Schuldgefühle über den Mord an Moses dem ewigen Leiden der Juden zu Grunde liegen. Hier möchte ich jetzt, als ob ich schon beinah Freudianer geworden wäre, den Zusammenhang zwischen den Schuldgefühlen über den Mord und dem Hass auf Juden durch einen Zwischenschritt verdeutlichen.

Meiner Meinung nach führt das Schuldgefühl über den Mord an Moses als erste Konsequenz dazu, dass seine Gesetze als Sühne von orthodoxen Juden mit einer unerbittlichen Strenge ausgeführt werden. In unserer Schrittkette sind hier in erster Linie die Speisegesetze gemeint. In einer Gesellschaft in der wohl schon sehr lange das Annehmen und Anbieten von Gastfreundschaft eines der wichtigsten sozialen Schmiermittel darstellt, ist eine Weigerung, Gastfreundschaft anzunehmen, und zwar auf Grund der strengen Befolgung der aufgelegten Speisegesetze, eine große Beleidigung. Die nun führt zu Hass und Verfolgung. Darüber hinaus kann natürlich der Anspruch der Juden dass sie das von Gott selbst auserwählte Volk seien, auch nicht gerade zur Liebe zu solchen Leuten führen. Also die Speisegesetze und obendrein der arrogante Anspruch auf Auserwählung werden von der nichtjüdischen Umgebung als beleidigend erfahren.

Auf diese Weise helfen die Gedanken von Freud, auf die Van den Berg uns in so stimulierender Form wieder aufmerksam macht, uns zu verstehen, wodurch das viele Leiden der Juden in ihrer Geschichte jedenfalls zum Teil entstanden sein könnte. Nach der Mega-Katastrophe des Holocaust und dem Missbrauch der von einigen Politikern hiervon gemacht wird, ist das mehr als nötig.

Ich möchte dann auch den innigen Wunsch aussprechen, dass dem Autor des kleinen Buches wie auch dem mutigen Verlag, der es heraus bringt, ein großer Erfolg gegönnt sein möge.

Heiloo, März 2012 *Hajo G. Meyer*

Prolog

Diese psychoanalytische Studie widmet sich weder der Behandlung individueller Patienten noch der zugrunde liegenden Theorie. Thematisiert wird die Entwicklung im Denken Freuds anhand der Frage, wie wir als Menschen dazu gekommen sind, eine Gesellschaft zu begründen, Vereinbarungen und Gesetze einzuhalten, die uns den Umgang miteinander ermöglichen und befähigen, diesen Umgang mit anderen Individuen, anderen Gemeinschaften und Völkern weiterzuentwickeln und auszubauen. Freud ist seinen Patienten als Mediziner gegenübergetreten. Aber mehr noch als ein Mediziner hat er sich sozusagen auch als Anthropologe verstanden, der begreifen will, was den gesunden Menschen in seinem Denken und Handeln bewegt.

Wir begeben uns hier auf eine Spur in der Gedankenwelt Freuds, die er im Rahmen seiner Studien zum Hintergrund neurotischer Symptome und deren Behandlung verfolgt hat. Ein Aspekt, der über die Psychoanalyse seiner Patienten hinausgeht und in erster Linie mit der langfristigen (prä-)historischen *Entwicklung* des menschlichen Denkens zusammenhängt. Ähnlich wie Darwin, der 1851 dem Ursprung der Arten nachgegangen war, begab sich Freud auf die Spurensuche nach den Wurzeln der *menschlichen Zivilisation.*

In der Wissenschaft hatte die Geschichte von Adam und Eva als Ausgangspunkt ihre Gültigkeit verloren. In Europa wurde bereits die Theorie einer Migration des Menschen aus dem Süden, aus dem afrikanischen Rifttal, vertreten (siehe Chris Stringer)[1]. Schon recht früh kam man zu dem Schluss, dass der Homo sapiens und sein Vorgänger, der Neanderthaler, sich über das Rote Meer, den Jemen oder die Landenge des Sinai nach Europa und Asien ausgebreitet hatten. Auf dem Sinai haben diese beiden Menschenarten wahrscheinlich 30.000 Jahre nebeneinander existiert. Und sie haben sich einen Kampf um Nahrung, Wasser und Land liefern müssen, an dessen Ende der Neanderthaler dem intelligenteren Homo sapiens unterlag und ausstarb. Die Sinaihalbinsel, zwischen Afrika und dem Mittleren Osten, am Eingangstor zu Europa gelegen, muss das Gebiet gewesen sein, in dem viele dieser Entwicklungen stattgefunden haben. Vermutlich haben die nach Babylon deportierten jüdischen Schriftgelehrten diese Migration aus Ägypten in ihren Büchern Mose als Teil des Auszugs der Hebräer aus Ägypten verarbeitet.

Wenn wir diese Sichtweise annehmen, dann können wir auch auf eine andere, weniger mythologische Weise den „Auszug aus Ägypten" betrachten. Nach Meinung von Emmanuel Anati, einem exzellenten Kenner des Sinai, hat es zahlreiche Auszüge gegeben, wobei jeweils kleine Gruppen von Menschen nach Norden zogen, gezwungen durch klimatische Veränderungen, auf der Suche nach dem Paradies, das sie vor nicht allzu langer Zeit hatten zurücklassen müssen. So kamen sie wahrscheinlich zum Berg Jebel Ideid, der vor der Spaltung Palästinas in der

1 Chris Stringer, *Lone Survivors: How We Came To Be the Only Humans On Earth*, New York, 2012, passim, und Frans de Waal: *Een tijd voor empathie*. 2009

Beduinensprache *Berg der Menge* oder *Berg der Vorbereitungen* oder im Dialekt des Tarabin-Stammes *Berg des Gedenkens* hieß. Ein wunderschöner Name für den *Gottesberg* (siehe Fußnote 52).

Dass sie dabei auf Völker oder Stämme (wie zum Beispiel auf die Amelekiter) stießen, die ihnen den Durchzug versperren wollten, liegt auf der Hand, zumindest für die Verfasser der Bibel. Aber die Ausrottung der Amelekiter war möglicherweise nur die Wiederholung eines früheren Genozids: des der Neanderthaler durch den Homo sapiens.

Ungeachtet seiner Bewunderung für Darwin war Freud auch ein Anhänger von Jean-Baptiste de Lamarck, der die Theorie vertrat, dass Erfahrungen des Organismus an nachfolgende Generationen weitervererbt werden können. Hat der Völkermord an den Neanderthalern keinerlei Spuren im Charakter des Homo sapiens hinterlassen?

Wir brauchen nicht 2900 Jahre zurückzugehen, als die *Habiru*, wie die Hebräer seinerzeit von den Ägyptern abwertend genannt wurden, die Amelekiter und andere kanaanitische Stämme ausrotteten, weil sie glaubten, dieses Land sei den Israeliten von Gott versprochen worden.

Wie konnten wir – Homo sapiens des 20. Jahrhunderts – 1904 in Namibia einen Völkermord an den Hereros begehen, dem die meisten Angehörigen dieses Stammes zum Opfer fielen? (Von den Vereinten Nationen wurde dieser Genozid als erster des 20. Jahrhunderts anerkannt.) Und wie konnte es geschehen, dass die Türkei elf Jahre später einen Genozid verübte – auch wenn dieser von den

Türken nicht so genannt werden darf – und 1,5 Millionen Armenier in den Tod trieb?

Wie war es möglich, dass in Europa ein zivilisiertes Land entschied, 6 Millionen Juden systematisch zu ermorden?

Wie konnten die Serben per Beschluss 8000 bosnische Moslems exekutieren, die von niederländischen Soldaten hätten beschützt werden sollen? Wie konnte die niederländische Armee 1948 in Rawagedé auf Java 431 Männer hinrichten, ohne dass sich die Niederlande bis vor kurzem schuldig bekannt hätten? Ich muss an dieser Stelle auch die zahlreichen Pogrome gegen Juden, vor allem in Osteuropa, nennen und das Massaker an den Indianern bei Wounded Knee im Jahr 1890.

Ganz offensichtlich sind wir Menschen trotz aller moralischer Gewissensbildung, plötzlich oder organisiert, fähig, ein anderes Volk zu ermorden, wie das im Zweiten Weltkrieg geschehen ist. Aber was führt dazu, dass wir dazu in der Lage sind?

Vermutlich existiert etwas in unseren Genen, das uns dies möglich macht. Der Verhaltensforscher Frans de Waal vertritt die These, dass seit Hunderttausenden von Jahren in unseren und den Genen unserer fernen Vettern, der Schimpansen, Bonobos, Gorillas und Neanderthaler eine Fähigkeit zur Empathie steckt. Können wir annehmen, dass wir nicht nur Gene besitzen, die uns zur Empathie befähigen, sondern auch solche, die dieses Vermögen ausschalten können – eventuell mit Hilfe von Indoktrination oder Gehirnwäsche? Eine Frage, auf die wir hier nicht weiter eingehen können.

Was Freud über diesen Aspekt wusste, ist nicht bekannt, aber er hatte eine gewisse Ahnung von der Wirkungsweise von Hormonen, auch wenn sie zu seiner Zeit noch nicht so hießen[2]. Der Gedanke, dass in unseren Genen Erfahrungen gespeichert werden konnten, ließ ihn nicht los. Er war auch der Meinung, dass große Naturkatastrophen unserem unbewussten Gedächtnis ihren Stempel aufgedrückt haben. So erstaunte ihn, dass sich hinter der griechischen Zivilisation eine mykenisch-minoische verbarg, die durch das verheerende Erdbeben auf Thera im Jahr 1900 v. Chr. zerstört wurde. Hinsichtlich der biblischen Geschichten nahm er an, dass ihnen *reale* Ereignisse zugrunde lagen. Wie wir heute wissen, haben Sodom und Gomorra tatsächlich existiert; beide Städte sind 1900 v. Chr. während eines schweren Erdbebens im Toten Meer versunken[3], wodurch die Gesteinsformationen, auf denen sie ruhten, von Liquefaktion betroffen wurden. Und wie wir heute ebenfalls wissen, hat es auch eine Sintflut gegeben, als sich 5600 v. Chr. das Tal des Schwarzen Meeres nach dem Durchbruch des Bosporus mit Wasser aus dem Mittelmeer füllte[4]. Auf den Tontafeln

2 *New Introductory Lectures*, 1933; G.W. 15, 121; S.E. 22, 114

3 Harris, G.M. and A.P. Beardow, *The destruction of Sodom and Gomorrah: a geotechnical perspective*. In: Quarterly Journal of Engineering Geology, 28, 349–362. 1995; und Hattem, W.C. van: *Once again: 'Sodom and Gomorrah'*, Biblical Archeologist /Spring 1981, p.87–92

4 Ryan, William and Pitman Walter: *Noah's Flood. The New Scientific Discoveries About the Event that Changed History*. Simon & Schuster, Lindon, 1999. S. 160 ff. Die UNESCO betreibt im Rahmen des IGCP 521-Projekts diesbezügliche Forschungen.

um 2000 v. Chr., auf die das Epos von Gilgamesch[5] gemeißelt wurde, wird diese Katastrophe erwähnt. Gewiss hat Freud nicht all dies gewusst, aber wahrscheinlich hätte es ihn fasziniert.

Das Hauptinteresse Freuds galt jedoch gerade dem, was sich nach diesen Katastrophen in der Entwicklung des menschlichen Denkens und Handelns innerhalb der Familienhorde vollzog. Wie gingen die Menschen miteinander um, was hielt einen kleinen (Volks-)stamm zusammen? Welche Vereinbarungen gab es unter den jeweiligen Stammesmitgliedern? Darwin verortete die Anfänge menschlicher Zivilisation in einer Urhorde, an deren Spitze der stärkste Mann stand, dem das Inzestverbot dazu verhalf, sich alle Frauen anzueignen. J.J. Atkinson schrieb in *Primal Law* (1903): „Dieser Patriarch hatte nur einen Feind zu fürchten … einen Jugendbund von Brüdern, die in einem erzwungenen Zölibat zusammenlebten" und die ihn beseitigen würden, wenn sie stark genug geworden waren. Und er sagt weiter, dass „es zu einer immer wiederkehrenden gewaltsamen Nachfolge des einzelnen väterlichen Tyrannen durch die Söhne" kam. Freud hat sich in *Totem und Tabu* anhand dieser Studie mit dem Inzestverbot in dieser Urhorde befasst. Von hier aus entwickelte er seine Vorstellungen über den jüdischen Urvater Moses, hier liegen die Anfänge seiner Beschäftigung mit dem Buch *Der Mann Moses und die monotheistische Religion.*

5 Zu Gilgamesch an anderer Stelle mehr. Er war der dritte König von Uruk in Sumer und lebte um 2700 v. Chr. Seinem Namen wurde mit der Zeit das Attribut *Gott* oder *göttlich* vorangestellt – eine Erhebung vom König zum Gott. Siehe *Das Epos von Gilgamesch.*

Wer sich an eine solche Abhandlung begibt, hat einige Voraussetzungen zu beachten:

1. Er muss sich die Freiheit nehmen, alles, was er über Freud liest, zu *interpretieren*, zu *deuten*: Freuds Lebensgeschichte, was er getan hat, seine Träume, Briefe, Tagebücher und beispielsweise auch die von seinem Sohn Martin Freud verfasste Biographie *Glory Reflected* zur Kenntnis nehmen.

2. Er sollte *Totem und Tabu* und dann *Der Mann Moses und die monotheistische Religion* erneut lesen.

3. Ihm muss deutlich sein, dass das Ergebnis einer solchen Studie vielen traditionellen Auffassungen widersprechen und tief verwurzelte Gefühle verletzen wird – wie Freud selbst an die Brüder von B'nai B'rith[6] in seinem hebräischen Vorwort zu den *Vorlesungen zur Einführung in die Psychoanalyse* schrieb (siehe im Folgenden).

4. Er muss sich mit dem Glauben seiner Vorfahren vorurteilsfrei und ohne Denkverbote auseinandersetzen können[7], wie ein Gymnasiast die Ilias liest, ohne an Zeus auf dem Olymp zu glauben.

Freud selbst äußert *seine Zweifel, ob Moses und die Propheten diese hebräischen Vorlesungen zur Psychoanalyse verständlich gefunden hätten. Aber ihre Nachfahren bittet*

6 B'nai B'rith steht für „Söhne des Bundes".

7 Wenn Freud in seiner letzten *Vorlesung der Einführung in die Psychoanalyse Neue Folge* über das Denkverbot sagt, dass alles, was sich – wie beispielsweise das Denkverbot der Religion – einer solchen Entwicklung widersetzt, eine Gefahr für die Zukunft Menschheit bedeute, meint er die Entwicklung des Geistes der Wissenschaft.

er, nach den ersten Anwandlungen von Kritik und Unmut nicht allzu rasch ablehnend zu reagieren.[8]

Teil I. Worum geht es in dem Buch *Der Mann Moses und die monotheistische Religion*?

Freud beginnt mit einer Erläuterung seines Standpunktes zur Religion und dem Glauben an Gott.

„Wie beneidenswert erscheinen uns, den Armen im Glauben, jene Forscher, die von der Existenz eines höchsten Wesens überzeugt sind!“[9]

Das schrieb Freud 1938 gegen Ende seines Buches *Moses und die monotheistische Religion.*

Die Frage, warum Freud die gottgläubigen Forscher für beneidenswert hielt, erübrigt sich. Er war von seinem Vater in der biblischen Geschichte anhand der Philippsohn-Bibel unterrichtet worden, deren zahlreiche Abbildungen das Leben in Ägypten illustrieren. Aber wahrscheinlich hat es einen Moment gegeben, wo sich der junge Freud nicht nur wie jeder Heranwachsende die Existenz Gottes in Frage stellte, sondern auch daran

8 *The Standard Edition*, Volume XV (1915–1916): *Introductory Lectures on Psycho-Analysis (Parts I and II)*, 15:1–240, S. 10

9 Freud, Gesammelte Schriften, Bd. 12, 385 (1934). Zwölf Jahre zuvor hatte er in einem Brief an Eitingon geschrieben, es sei eine Frage der Betrachtung, ob die Analyse an sich tatsächlich zu einer Loslösung von der Religion führen müsse. (siehe in: P. Gay in *Een goddeloze jood*. 1987/1988. Gay sagt hier auch auf S. 39: *„Wir alle kennen doch fähige Analytiker, die an Jom Kippur fasten.“* Freud fastete an Jom Kippur jedenfalls nicht.

zweifelte, ob Moses tatsächlich gelebt hat. Als er später in Rom war, stattete er jeden Tag der San Pietro in Vincoli einen kurzen Besuch ab, wo der Moses Michelangelos noch immer voller Bestürzung auf das Volk – auf uns – herabschaut. Inzwischen arbeitete Freud in diesen Jahren an seinem „Lieblingsbuch" *Totem und Tabu*[10] (1913), in dem es um einen noch älteren Urvater geht, der in prähistorischen Zeiten durch den *Bund der Söhne* ermordet und verspeist wird.[11]

Das Vorwort zu der hebräischen Ausgabe von *Totem und Tabu*, das Freud erst 1930 verfasste, macht deutlich, in welchem Rahmen sich das Denken Freuds bewegte. Diese Vorrede scheint sich an die Mitglieder von B'nai B'rith, der jüdischen Vereinigung, zu richten, der Freud viele Jahre

10 In Totem und Tabu vertritt Freud die These, dass wir Menschen in prähistorischer Zeit in Horden lebten, mit einem Übervater an der Spitze. Ihm gehörten alle Frauen, während die Brüder und Söhne dieses Vaters von jeglichem Sexualkontakt zu den Frauen ausgeschlossen waren. Unsere Angst vor Inzest könnte daher rühren, da der Vater den Sohn mit Kastration strafen wird. Die Söhne haben sich zu einem sozialen Bund vereint, sie haben den Vater ermordet und verspeist. Und jeder Sohn durfte eine Frau haben. Dieser Gesellschaftsvertrag wurde natürlich gebrochen, wenn ein Mann so mächtig geworden war, dass er ihn für ungültig erklären und somit ein Nachfolger des Urvaters werden konnte. Bis ihm das Gleiche widerfuhr und auch er verspeist wurde.

11 Wie Darwin 1859 nach The Origin of Species im Tierreich suchte (und David Livingstone 1866 nach der Quelle des Nils oder Gustave Courbet 1866 l'Origine du Monde – scherzhaft – in seiner Nacktheit darstellte), so suchte Freud nach dem prähistorischen Ursprung der menschlichen Persönlichkeit und ihrer Identität – nicht als Arzt, sondern als Anthropologe. Nach den Quellen forschte er in der Mythologie, der Religionsgeschichte und in dem, was die Dichter empfunden und in Worte gefasst hatten. Sein erstes großes Werk auf diesem Gebiet war Totem und Tabu aus dem Jahr 1912, es folgten weitere.

angehörte und vor der er zahlreiche Vorlesungen gehalten hat. An diese Bruderschaft wendet er sich 1930:

Keiner der Leser dieses Buches wird sich so leicht in die Gefühlslage des Autors versetzen können, der die heilige Sprache nicht versteht, der väterlichen Religion – wie jeder anderen – völlig entfremdet ist, an nationalistischen Idealen[12] nicht teilnehmen kann und doch die Zugehörigkeit zu seinem Volk nie verleugnet hat, seine Eigenart als jüdisch empfindet und sie nicht anders wünscht. Fragte man ihn: Was ist an dir noch jüdisch, wenn du all diese Gemeinsamkeiten mit deinen Volksgenossen aufgegeben hast? so würde er antworten: Noch sehr viel, wahrscheinlich die Hauptsache. Aber dieses Wesentliche könnte er gegenwärtig nicht in klare Worte fassen. Es wird sicherlich später einmal wissenschaftlicher Einsicht zugänglich sein. […] Ein Buch überdies, das den Ursprung von Religion und Sittlichkeit behandelt, aber keinen jüdischen Standpunkt kennt, keine Einschränkung zugunsten des Judentums macht. Aber der Autor hofft, sich mit seinen Lesern in der Überzeugung zu treffen, dass die voraussetzungslose Wissenschaft dem Geist des ***neuen Judentums*** *(Hervorhebung vom Autor)[13] nicht fremd bleiben kann.*

12 Freud bezieht sich hier auf Theodor Herzls zionistisches Ideal, eine nationale Heimstatt für alle Juden weltweit zu finden.

13 Freud spricht hier vom „neuen Judentum" (the New Jewry) als wäre

Offensichtlich sah Freud in dem Buch *Der Mann Moses und die monotheistische Religion* eine Weiterführung von *Totem und Tabu.* Das Vorwort zu *Totem und Tabu* hatte er 1913 in Rom geschrieben, wo er tagtäglich dem Moses von Michelangelo einen Besuch abstattete. Im Grunde arbeitete Freud schon seit 1914 an *Der Mann Moses und die monotheistische Religion*, aber seine Gefühle waren damals zu ambivalent, einen klaren Standpunkt zu beziehen. Zu Anfang der 30er Jahre, als sich abzeichnete, dass sich die Lage der europäischen Juden ab 1933 ständig verschlechtern würde, konnte er dieses Projekt jedoch nicht länger hinausschieben, da. Er brauchte Jahre, um diese Thematik in den Griff zu bekommen und seine widersprüchlichen Gefühle, der Innen- wie der Außenwelt, zu überwinden. Schon 1923, seit seinem Zungenkrebs, war ihm bewusst, dass er nicht mehr lange zu leben hatte, der Anschluss Österreichs an Deutschland im Jahr 1938 gab ihm dann das Gefühl von „jetzt oder nie". In London wollte er auf die Veröffentlichung nicht verzichten, obwohl das Buch redaktionell nicht fertig war: Es bestand aus drei ungleich redigierten Artikeln, in denen sich Freud mehrmals wiederholt, was ihm selbst nicht entging, er aber als notwendig erachtete. Auf den Inhalt werde ich später eingehen[14].

---

dies ein gängiger Begriff. In der psychoanalytischen Literatur (siehe PEP, Psychoanalytic Electronic Publishing, eine Suchmaschine für alle psychoanalytischen Schriften) wird dieser Terminus von anderen Autoren nicht benutzt.

14 1914 schreibt Freud den Artikel *Der Moses des Michelangelo,* in dem er sich mit der Frage beschäftigt, ob dieser Moses im Begriff ist, in seiner Empörung über die Anbetung des Goldenen Kalbs die Steintafeln zu zerschlagen oder ob er seinen destruktiven Wutanfall gerade

Freud begann seinen „historischen Roman im August 1934[15]. Sein unmittelbares Vorhaben sieht er darin, Wissen über die Person des Moses sammeln, aber er bekennt sich auch zu dem etwas ferneren Ziel, auf diese Weise zur Lösung eines Problems beizutragen, das seiner Meinung nach noch immer aktuell ist, **aber erst später genannt werden kann** (Hervorhebung durch den Autor).

Freud stand dem zionistischen Ideal, in Palästina einen jüdischen Staat zu gründen, kritisch gegenüber. Es ist anzunehmen, dass er die Lösung der „jüdischen Frage", wie man sie damals nannte, seines vier Jahre jüngeren Zeitgenossen Theodor Herzl für nicht realistisch hielt. Während Herzl für die Juden aus aller Welt einen jüdi-

noch beherrscht – Triebverzicht als Voraussetzung der menschlichen Kultur – und die Tafeln sorgsam an sich drückt. Dieser Artikel ist etwas Besonderes. Freud schrieb ihn unter einem Pseudonym (drei Kreuze) und räumte erst 1927 ein, der Verfasser zu sein. Warum er als Autor nicht bekannt werden wollte, bleibt unklar; seine Interpretation der Skulptur war keineswegs unlogisch, auch wenn niemand diese verborgene Absicht Michelangelos erkannt hatte. Außer Watkiss Lloyd, der 1863 eine Abhandlung verfasste, in der er zu einer vergleichbaren Interpretation kommt. Freud bedauerte, dass Lloyd so viel vorweggenommen hatte. Und er hatte die Gelegenheit, wie er sagt, für sich selbst wieder die Erfahrung zu machen, welche unwürdigen, infantilen Motive zu unserem Werk im Dienste einer großen Sache beizutragen pflegen. Wenn die Geschichte von Moses für Freud bereits damals eine Wiederholung des Mords an dem Urvater in *Totem und Tabu* bedeutete, wird sein Zögern, unter eigenem Namen zu schreiben, verständlicher. Um zu der Überzeugung zu kommen, dass Michelangelo diesen Triebverzicht von Moses ausdrücken wollte, besuchte Freud während seines Aufenthalts in Rom von 1901 bis 1912 jeden Tag San Pietro in Vincoli, wo er die Skulptur genauestens betrachtete. Anscheinend hatte Freud sich tagtäglich vor Augen führen wollen, dass der Künstler Michelangelo in der Gestalt des Moses mit den Gesetzestafeln etwas entdeckt hatte, was Freud aufgrund der Psychoanalyse erahnte.

15 Grubrich Simitis, Ilse: *Back to Freud's Texts. Making Silent Documents Speak.* Yale University Press, New Haven and London. 1996. *Zurück zu Freuds Texten.* 1993 S. Fischer Verlag GmbH, Frankfurt am Main

schen Nationalstaat schaffen wollte, plädierte Freud dafür, mit seiner psychoanalytischen Wissenschaft das von der katholischen Kirche beherrschte Europa für jeden zu öffnen, also auch für Juden und Agnostiker[16].

Freuds Vorwort zur hebräischen Ausgabe von *Totem und Tabu* von 1930 macht deutlich, dass er sich schon zu dieser Zeit mit *Der Mann Moses und die monotheistische Religion* beschäftigte.

Was stand in diesem historischen Roman?

Die Aufzeichnungen Freuds lassen folgende Planung erkennen (vermutlich von Anna Freud notiert):

a) Hat Moses gelebt?

Ja, sagt Freud. Und viele Forscher, nicht nur Theologen, Rabbiner und Historiker des Mittleren Ostens, unterstützen diese Aussage. Jan Assmann, der erste maßgebliche Ägyptologe (und Kulturhistoriker), der mir in der neueren Literatur begegnet ist, vermutet, dass der Gesetzgeber Moses ägyptischer Abstammung war, allerdings liefert er keine eindeutigen Argumente. Allem Anschein nach geht er von mehreren Mosesgestalten aus.[17]. Auch Emmanuel Anati (siehe im Folgenden) ist der Meinung, dass es fünf Mosesgestalten gegeben hat[18].

16 Siehe dazu: Edward W. Said, *Freud and the Non-European*. Verso, in association with the Freud Museum, London, 2003

17 Assmann, Jan, Moses the Egyptian. The Memory of Egypt in Western Monotheism. Harvard University Press, Cambridge, Massachusetts, London, England, 1997

18 Emmanuel Anati: persönlicher Brief vom 04.-05.1999.

b) Die Abstammung von Moses

In seiner ersten Abhandlung *Moses, ein Ägypter*[19] vertritt Freud die These, dass Moses nicht nur einen ägyptischen Namen trug – Mosche, Mose 'Kind' – sondern ein Ägypter war. Vermutlich bekleidete er eine hohe Position am Hof, die er nach dem Tod seines Pharaos Echnaton verlor. Er suchte Zuflucht bei den semitischen Stämmen in Nordägypten, die er als sein Volk annahm und aus Ägypten nach Kanaan, in das „Gelobte Land", führte.

Freud schließt sich seinem Anhänger Otto Rank[20] an, der meint, dass die Familie des Helden (aus der das Findelkind stammt) von vornehmer Herkunft war und der spätere Held von einfachen Menschen, beispielsweise Hirten, aufgezogen wurde. Freud übernimmt diese Sichtweise und folgert, dass somit auch die ursprüngliche Familie des Moses zu den höheren Kreisen Ägyptens gehört haben muss. Darüber hinaus zitiert er den Alttestamentler Ed. Meyer. Dieser beruft sich auf die ursprüngliche Sage, derzufolge der Pharao geträumt hatte, ein Sohn seiner Tochter werde für ihn zu einer Bedrohung. Er lässt dieses Kind am Nil aussetzen, wo es von jüdischen Menschen gerettet wird[21].

19 *Imago* 23, 1, S. 5–13

20 Rank, Otto: *Der Mythos von der Geburt des Helden. Versuch einer psychologischen Mythendeutung.* Franz Deuticke, Leipzig und Wien. 1909

21 Auch Popper-Lynkeus beschreibt, wie der Pharao seine Traumdeuter zusammenruft, weil er einen Traum hatte: „Aus seiner Hüfte wuchs ein Kind, das die Arme um seinen Hals schlang, um ihn zu erwürgen". Während der Pharao dies mit seinen Traumdeutern bespricht, betritt die schönste der Hebräerinnen, Jochabed (der Name der Mutter Moses), hochschwanger den Raum. Das Gesicht des Pharaos verfinstert sich und er löst die Versammlung auf. Niemand versteht warum.

c) Die neue Religion

In einer zweiten Abhandlung *Wenn Moses ein Ägypter war …*[22], geht Freud einen Schritt weiter. Nun wird „der jüdische Monotheismus […] von der monotheistischen Zeit in der Geschichte Ägyptens bestimmt. Der Pharao Amenhotep IV (der von 1350–1334 v. Chr. regierte, setzt den Sonnengott Aton an die Stelle des Hauptgottes Amon-Re. Er legt seinen Namen Amenhotep ab und nennt sich fortan Echnaton. An Tempeln und Obelisken wird der Name „Amon" ausgemeißelt und durch „Aton" ersetzt. Aton ist die Sonne, aber er ist nicht nur ein Sonnengott, er wird nicht nur als materieller Gegenstand verehrt, sondern als Symbol des göttlichen Wesens, mit Strahlen, die in Hände münden. Theben wird für eine neue Stadt namens Achetaton aufgegeben, in der „die Sonne den Horizont überschreitet". Die vielen Götter müssen dem alleinigen Gott Aton weichen, es gibt kein Leben nach dem Tod – von dem geliebten Gott der Unterwelt, Osiris, muss abgelassen werden.

Freud sagt im Weiteren:

1) „Adonai (wörtlich: mein Herr) Elohenu Adonai Echod" („Ich bin Euer Gott, ich bin der alleinige Gott") steht im Grunde für: „Ich, Aton, bin Euer einziger Gott"[23].

---

22 *Imago* 23, S. 387–419

23 Freud vermutet, anknüpfend an Weigall, dass *Aton* mit *Atum*, dem Gott von Heliopolis identisch und etymologisch mit dem syrischen Gott *Adonis* verwandt ist. Jan Assmann: *Moses the Egyptian. The Memory of Egypt in Western Monotheism*. Harvard University Press, Cambridge, Massachusetts, London, England, 1997 (S. 254, 28) sagt, dass Weigall 'hieroglyphisch fast ein Analphabet war und sich nicht schwer tat, aufgrund der vermuteten Assonanz der Namen Atum, Aton und Adonis die abenteuerlichsten Hypothesen aufzustellen".

2) Die Beschneidung hat ihren Ursprung in Ägypten (Mumien waren, so Herodot, beschnitten).

3) Moses war ein enger Vertrauter Echnatons und als die Erinnerung an diesen Pharao von den Priestern des Amon-Re ausgelöscht wurde – mit demselben Fanatismus, den Echnaton gegenüber Amon an den Tag gelegt hatte – wollte und konnte sich Moses zum Führer der Israeliten erheben[24] und den Exodus anführen, da es schon seit Jahren keine Zentralmacht mehr gab, die ihn daran hätte hindern können[25].

4) Freud folgt dem Alttestamentarier Eduard Meyer, nach dessen Auffassung es nicht nur einen ägyptischen, sondern auch einen midianitischen (bzw. kanaanitischen) Moses gegeben hat.[26] Dieser midianitische und der ägyptische Moses waren völlig unterschiedliche Charaktere, in der Überlieferung sind sie jedoch zu einer Mosesfigur verschmolzen. „Der spätere Moses lässt ganz und gar den

Assmann meint: <<Der Name Aton klang in etwa wie *Yati*’>>. In Fußnote 48 fügt er hinzu: <<Was Freud nicht wusste […] war, dass der Name von Echnatons Gott (*Yati*) fast so klang wie das ägyptische Wort für ‘mein Vater’(*yat-i*) und die Texte ständig auf die Assonanz verweisen. Der Gott selbst trägt den königlichen Titel ‘mein Vater’ Wir könnten nun behaupten: Wenn Adonai keine Paraphrase von Aton sein kann, kann es doch als Adonai = mein Herr eine Übersetzung von Yat- = mein Vater gewesen sein.

24 Assmann weist darauf hin, dass die Begriffe ‘Israeliten’ und ‘Juden’ spätere Übersetzungen von ‘Habiru’ (Hebräer) waren.

25 In den Briefen, die in Echnatons Hauptstadt Achetaton, heute Tel el-Amarna, gefunden wurden, bitten die kanaanitischen Stadtfürsten von Asdod u. a. den Pharao Echnaton wiederholt um militärische Hilfe gegen die eindringenden Habiru aus den umliegenden Gebieten. Freud vermutete zu Recht, dass es im Grunde um hebräische Stämme ging, die mit den Hebräern in Ägypten verwandt waren.

26 Ed. Meyer 1905: Moses ist der ‘Stammvater’ der midianitischen Priester von Qades, also eine […] Gestalt aus der genealogischen Sage.

heldenhaften Charakter vermissen, den die Sage von seiner frühen Jugend suggeriert; er ist nur noch der Mann Gottes und ein von Jahwe mit übernatürlichen Kräften ausgestatteter Wundertäter [...]".

d) Der Auszug aus Ägypten

Freud geht davon aus, dass es diesen Exodus nach dem Tod Echnatons tatsächlich gegeben hat. Aber er sagt auch, dass nur ein Bruchteil des späteren jüdischen Volkes (d.h. die Stämme Juda und Benjamin) an den Ereignissen in Ägypten teilgenommen hat und die anderen Stämme bereits in Kanaan lebten. Der Aufenthalt in der Wüste Sinai, weit entfernt von den „Fleischtöpfen Ägyptens" und von Kanaan, dem Gelobten „Land von Milch und Honig", ging mit so großen materiellen Entbehrungen (Hunger und Durst) einher und die Religion, die Moses dem Volk auferlegte, war so asketisch und streng, dass die Israeliten viele Male gegen Moses revoltierten und *ihn im Verlauf einer dieser Aufstände ermordeten.* Und mit ihm nicht wenige seiner ägyptischen Anhänger und Leibwächter, der Leviten.[27] Freud folgt hier dem Alttestamentler Ernst Sellin, berühmt durch seine Ausgrabungen von Jericho, der 1922 bei dem Propheten Hosea *„die unverkennbaren Anzeichen einer Tradition entdeckt", „dass [...] Moses [...] in einem Aufstand des widerspenstigen [...] Volkes ein gewaltsames Ende fand. Gleichzeitig wurde die von ihm*

27 Die Leviten waren laut Freud kein israelischer Stamm, sondern die ägyptischen Anhänger von Moses. Unter ihnen finden sich nicht nur viele ägyptische Namen, ihnen wurde auch kein eigenes Territorium zugeteilt. Nach der Ermordung Moses haben die Leviten die Tradition der mosaischen Ideen bewahrt.

eingesetzte Religion abgeworfen". Dies knüpfte an eine Vermutung an, die Freud schon 1912 während seiner Arbeit an *Totem und Tabu* 1912 hatte.

Freud wurde deutlich, dass es den größten Unterschied unter diesen Stämmen gemacht haben muss, „*ob sie den Aufenthalt in Ägypten, und was darauf folgte, miterlebt hatten oder nicht. [...] Die einstigen Ägypter waren wahrscheinlich in ihrer Volkszahl geringer, aber sie erwiesen sich als die kulturell Stärkeren, [...] weil sie eine Tradition mitbrachten, die den anderen fehlte*".[28]

e) Das auserwählte Volk

Freud merkt weiter an, dass die Erwählung eines Volkes durch einen Gott nirgendwo sonst vorkommt. Wahrscheinlich steht „Gott" für Moses, der dieses Volk in der Tat auserwählt hatte.[29] Er hält Sellins Hypothese des Mordes an Moses „für nur allzu wahrscheinlich". Moses zwang den Israeliten seinen Glauben in gleicher Weise auf wie der Pharao Echnaton dies mit dem Atonkult in Ägypten getan hatte. Das jüdische Volk war nicht fähig, eine so vergeistigte Religion zu ertragen. Wie die Ägypter den Glaubenserneuerer Echnaton aus dem Weg geräumt hatten, revoltierten die Israeliten gegen ihren Reformator Moses und beseitigten ihn. Trauer und der Wunsch zu

28 Wenn wir den Gedanken Freuds zu Ende führen dürfen, meint er auch die *unbewusste Schuld* an der Ermordung Moses.

29 Dies ist oft der Fall: Große Führer, die aus einem benachbarten Land kommen: Napoleon, Willem van Nassau, Stalin und Hitler.

vergessen folgten dieser Tat, ganz gewiss schon zur Zeit der Vereinigung in Qades auf dem Sinai[30].

f) Das Zeichen des Bundes und der Name Gottes

Laut Freud hätte diese Vereinigung der zwölf Stämme zu einer Nation mit einem einzigen Gott ein für die Weltgeschichte unbedeutendes Ereignis sein können. Jahwe, „ein engstirniger lokaler Gott, gewalttätig und blutrünstig" war an die Stelle anderer lokaler Götter getreten und wäre später durch einen wiederum anderen Gott ersetzt worden[31]. Warum wurde dieses Geschehen nicht vom Strom der Geschichte hinweggespült? Weil *ein Teil des Volkes eine traumatische Erfahrung gemacht hat, die dem anderen erspart geblieben ist* und verdrängt wurde. So hat sich diese Idee über eine Latenzzeit behaupten können.

Hierin sah Freud den Schlüssel, um die einstmals verdrängte und seitdem *unbewusste und nicht eingelöste Schuld an der Ermordung Moses* mit der Frage zu verbinden, die er sich schon seit langem stellte: Warum hat das israelische Volk durch alle Jahrhunderte ein solches Maß an Verfolgung und Leid erfahren müssen?[32]

30 Das Bemerkenswerte ist: Die Beseitigung Echnatons ist so gut gelungen, dass dieser Pharao erst im 19. Jahrhundert n. Chr. wieder entdeckt wurde. Die Priester von Amon hatten alle Spuren seiner Existenz verwischt.

31 … wie das mit den anderen Göttern geschehen ist: Letztlich wurden alle lokalen Götter durch Allah, den Gott Mohammeds ersetzt.

32 Freud zieht den Vergleich mit der Neuroseentwicklung des individuellen Menschen. *Die Genese der Neurose geht immer und überall auf sehr frühe Kindheitseindrücke zurück.* Die Fixierung auf ein Trauma und der Wiederholungszwang sowie Abwehrreaktionen und Vermeidungsstrategien, kurzum der Zwangscharakter der pathogenen Phänomene, sind oft unabhängig von der äußeren Realität.

Bis heute könnten ein assimilierter, säkularer Jude, vielleicht sogar bestimmte Christen, seine Vorstellung akzeptieren. Aber dann heißt es bei Freud:

Es scheint, dass ein wachsendes Schuldbewusstsein sich des jüdischen Volkes, vielleicht der ganzen damaligen Kulturwelt bemächtigt hatte als Vorläufer der Wiederkehr des verdrängten Inhalts […]. Es war Saulus (der spätere Paulus) *„in dessen Geist zuerst die Erkenntnis durchbrach: Wir sind so unglücklich, weil wir Gottvater getötet haben"* und *„Wir sind von aller Schuld erlöst, seitdem einer von uns sein Leben geopfert hat, um uns zu entsühnen."* Die Religion dieses Paulus war so ungemein erfolgreich, weil:

1. Die *Beschneidung und die Auserwähltheit* aufgegeben wurden.

2. Die *Erlösungsidee, die das Schuldbewusstsein beschwor, an deren Stelle trat.* Dies war der Gedanke einer universellen Religion, wie sie der Atonkult vor seinem Übergang auf das neue jüdische Volk gewesen war.

Freud endet mit der Frage, die er eigentlich hatte beantworten wollen. *„Warum es für die Juden unmöglich gewesen ist, den Fortschritt mitzumachen, den das Bekenntnis zum Gottesmord bei aller Entstellung enthielt, wäre Gegenstand einer besonderen Untersuchung. Sie haben damit gewissermaßen eine tragische Schuld auf sich geladen; man hat sie schwer dafür büßen lassen"*[33]

33 Man könnte sagen, dass Paulus das Monopol auf das Leiden, dass die Juden für sich reklamieren, preisgegeben hat.

Teil II. Die Reaktionen auf dieses Buch

Es wird niemanden wundern, dass dieses Buch nicht auf ungeteilte Zustimmung gestoßen ist. Moses, ein Ägypter, die Erzväter kanaanitische lokale Götter, Moses von seinem Volk gesteinigt.

Von jüdischer Seite:

Martin Buber findet das Buch bedauernswert[34]. Salo Baron[35] und Morris Cohen sowie (aus der christlichen Ecke) William Albright[36] äußern sich noch negativer. Freuds Londoner Nachbar A.S. Yahuda sagt: *„Es kommt mir vor, als hörten wir in diesen Worten die Stimme eines extrem fanatischen Christen in seinem Hass gegen Israel und nicht die Stimme eines Freud, der einen solchen Fanatismus von ganzem Herzen und aus tiefster Seele hasste und verachtete“*[37].

34 „dass […] Sigmund Freud sich erlauben konnte, ein derart unwissenschaftliches Werk herauszugeben, das auf unfundierten Hypothesen beruht.“ (1939) *Moses.* East and West Library, London 1956.

35 Der renommierte Historiker der israelischen Geschichte, Salo W. Baron: *Histoire d'Israël. Vie sociale et religieuse.* PUF Paris 1964 (1957) schreibt in *Moses and Monotheism by Sigmund Freud – A Book Review*, in: The Am. J. Sociology, XLV, Nr. 3 (Nov. 1939), 471–477: *'considerable technical shortcomings and endless repetitions' … 'bold and ingenious reconstruction' … 'will appear as but a magnificent castle in the air'.*

36 Der protestantische William Albright sagt: *'is new book is totally devoid of serious historical method and deals with historical data […] cavalierly'* Zitat aus E.A. Grollman, S. 157

37 A.S. Yahuda: *'It seems to me that in these words we hear the voice of one of the most fanatical Christians in his hatred of Israel and not the voice of a Freud who hated and despised such fanaticism with all his heart and strength.'* In: *Sigmund Freud on Moses and his Torah*, In: Aver V'Arav, Memorabilia and Impressions, 1946. Zitiert von E. Jones in *Sigmund Freud, Life and Work*, 1957, Vol. III, S. 396

Am schlimmsten ist für Yahuda die Tatsache, dass Freud dieses Buch in einer Zeit veröffentlichte, in der die Juden in Deutschland einem beispiellosen Pogrom ausgesetzt waren. Er hatte bei Freud darauf gedrungen, auf eine Veröffentlichung zu verzichten, umso mehr als Ernst Sellin seine Hypothese über den Mord an Moses angeblich widerrufen hatte. Freud soll ihm geantwortet haben: *„Und doch kann er beim ersten Mal Recht gehabt haben"*. (E. Grollman bringt das (nicht verifizierte) Argument, dass *„Sellin als Antisemit bekannt war"*.)[38]

Erich Fromm schreibt, er habe nicht Moses, sondern den Juden etwas angetan, indem er sie nicht nur ihres Helden, sondern auch ihres Anspruchs auf die Originalität der Idee des Monotheismus beraubt habe[39].

Yosef Hayim Yerushalmi[40] (*Freud's Moses: Judaism Terminable and Interminable*) will in seinem Monologue with Freud ein im Nachhinein – bestrafendes – Gespräch mit Freud führen, bezeichnet dieses jedoch als Monolog, in

38 *'While his fellow Jews in Europe were experiencing the worst persecution in their long history of suffering, the dying Freud finally completed Moses and Monotheism in London' … 'Sellin was an acknowledged anti-Semite and his original theses … were allegedly withdrawn and repudiated by this German exegete'.* E. A. Grollman, *Judaism in Sigmund Freud's world.* Bloch Publishing Company, New York, 1965. S. 152

39 Erich Fromm: *'He did something, not against Moses, but against the Jews: he deprived them not only of their hero, but also of the claim to the originality of the monotheistic idea'. 'One must assume that Freud's preoccupation with Moses was rooted in the deep unconscious identification with him'.* Zitiert in E. A. Grollman, S. 157

40 Yosef Hayim Yerushalmi: *Freud's Moses: Judaism Terminable and Interminable.* New Haven and London: Yale University Press. 1991. S. 159 ff. International Review of Psychoanalysis, 19:509–512. Yosef Yerushalmi ist kein Psychoanalytiker, sondern Professor für Jüdische Geschichte an der Columbia Universität New York.

dessen Verlauf er Freud ab und zu so antworten lässt, wie er es von ihm erwarten würde. Peter Loewenberg fasst seinen Kommentar so zusammen: Sein Ziel ist, „*[Freud] in tiefgehenden und wichtigen Dingen zu befragen, bei denen die Standpunkte, die Sie [Freud] eingenommen haben, mir nicht deutlich beziehungsweise nicht offen sind für die alternativen Betrachtungsweisen, die Ihnen möglich gewesen wären, für die Sie sich aber nicht entschieden haben*". (S. 86) … Loewenberg sagt, Yerushalmi formuliere hier einen Vorwurf und eine Schuldzuweisung, die sich gegen Freud und die institutionalisierte Psychoanalyse richte. Es ist ein unausgesprochenes Dogma, dass Jüdischsein und Judentum, ganz unabhängig von der klinischen Psychoanalyse, auseinander gehalten werden müssen. Auf diese Weise findet Loewenberg Yerushalmis gelehrte Aufgabe und Botschaft ausgedrückt – to *resuscitate the Jewish Freud.*[41]

Die Reaktion seitens der Psychoanalytiker

Wie haben die Psychoanalytiker reagiert? Auf zweierlei Weise:

41 Loewenberg, P. (1992). *Freud's Moses: Judaism Terminable and Interminable*: By Yosef Hayim Yerushalmi. New Haven and London: Yale University Press. 1991. S. 159 ff. International Review of Psychoanalysis, 19:509–512. His purpose is *'to interrogate [Freud] on deep and weighty matters in which the stances you have taken are not clear to me, or are susceptible of alternative approaches which were available to you but which you did not choose to take'* (p. 86). *'He has a grievance and an accusation against Freud and institutionalized psychoanalysis: there is an unspoken dogma that Jewishness and Judaism must be kept rigidly separate from clinical psychoanalysis […] scholarly burden and message – to resuscitate the Jewish Freud'.*

1) Die einen schlugen den Weg der Interpretation ein, wie Freud es getan hatte, mit Ergänzungen oder Verbesserungen – und gingen dabei manchmal sehr weit.[42]

Ernest Jones äußert sich auf dem IPA-Kongress 1957 in Paris wie folgt: *„Es wäre merkwürdig gewesen, wenn ein solcher Mann nicht ermordet worden wäre. Denn er ließ 3000 Männer wegen des Goldenen Kalbs töten und einen Mann steinigen, der am Sabbat Feuerholz gesammelt hatte.“*[43] Tertius Chandler[44] schlägt in dieselbe Kerbe.

Kurt Eissler geht 1963 recht weit in seiner Bewunderung für Freud, indem er behauptet, dass die Gründung des jüdischen Staates erst nach 2000 Jahren möglich gewesen ist, weil das Kindheitstrauma des Volkes Israel seinerzeit von Freud rekonstruiert worden war.[45]

42 Desmonde, William H., *The Murder of Moses*. In: American Imago 7 (1950), 351–367. Er führt 1950 den Gedankengang von Freud, Fraser und Robertson Smith weiter und analysiert die zahlreichen Passagen im Buch Numeri, wo sich das Volk gegen Moses erhebt. Die Verse, die den Tod Moses beschreiben, sieht er als Bericht seiner Hinrichtung, weil er als Priester-Wassermacher versagt hat und folglich, nach altem Brauch, getötet wird.

43 Ernest Jones schließt sich ganz den Überlegungen Freuds an und äußert sogar die Idee, dass Bithia, die Tochter von Seti I, die Mutter Moses war, während Seti der Vater und wahrscheinlich der Großvater von Moses war (verweist auf die Midrasj Rabbahon Lev., i,3). Moses wäre dann der Halbbruder und Vetter von Ramses II gewesen. (Bithia-Beth-Yah, Yah-Beth, Yochabed!)

44 Tertius Chandler, *Ikhnaton and Moses*. In: American Imago 19 (1962), p. 127–139. *'It seems well now to accept c. 1350 B.C. as Exodus's probable date – and give overdue credit to the man who mainly called attention to it: Sigmund Freud.'* Hier finden sich zahlreiche Ergänzungen, die die Beziehung zwischen Moses und Echnaton zu betonen scheinen; sogar Ra-mose, der Wesir und Hohepriester Echnatons wird als der wahrscheinliche Moses genannt. Von ihm wurde in Theben eine unversehrte, aber leere Tumba gefunden.

45 Eissler, Kurt R.: *Freud and the psychoanalysis of history*. In: J.A.P.A. Vol. XI, 1963, 675-703. Seine Idee der Gründung eines jüdischen

Theodor Reik, ein treuer Anhänger Freuds, der sich schon ab 1925 mit dem religionssoziologischen Aspekt der jüdischen Geschichte auseinandergesetzt hat, ist der Meinung, dass Moses kein Ägypter war und der Monotheismus nicht hebräischen, sondern ägyptischen Ursprungs ist. Allerdings sind seine Argumente gegenüber denen Freuds wenig überzeugend[46]. Und vielleicht hatte Reik mit Freud noch eine Rechnung offen (siehe im Folgenden).

2) Damit kommen wir zu der zweiten Art der Reaktion psychoanalytischer Kreise auf *Der Mann Moses und die monotheistische Religion*.

Man begann, Freuds *unbewusste* Motive zu deuten, um so den Nachweis zu führen, dass er Unrecht hatte und seine Interpretationen mehr mit seinen eigenen Problemen zusammenhingen (so dass man sich eigentlich auch nicht zu fragen brauchte, in welchen Punkten er vielleicht Recht hatte).

Ilse Grubrich-Simitis, eine gründliche Kennerin der Freudschen Texte, deutet den Moses von Freud als einen Tagtraum, der mit der „prähistorischen Episode" in Freuds eigenem Leben zu tun hat, in der sich Katastrophen ereignet haben. So das plötzliche Verschwinden seines

---

Staates wäre, wenn Freuds Buch von großen Gruppen unter den Juden mit Zustimmung aufgenommen worden wäre, noch denkbar gewesen, auch wenn wir feststellen müssen, dass dies nicht sehr wahrscheinlich ist. Die Tatsache, dass die J.A.P.A. dies – kritiklos – publiziert hat, erweckt Zweifel an der Kritik an Eissler, insbesondere bei diesem sensiblen Thema.

46 Theodor Reik, *Mystery on the Mountain. The Drama of the Sinai Revelation.* Harper and Brothers, Publishers, New York, 1959.

Kindermädchens (die Frau kam ins Gefängnis, weil sie angeblich Geld gestohlen hatte) und der Tod seines jüngeren Bruders Julius, als Freud zwei Jahre alt war. Sie sieht Hinweise auf eine Krise im Leben Freuds, die sich durch die Naziverfolgung dramatisch zuspitzte. Und sie fragt sich, ob der Antisemitismus nicht die [ewige] Eifersucht zwischen Geschwistern abbildet. Auf die Plausibilität der Freudschen Hypothese geht sie nicht ein, wie andere vor ihr meint sie, dass die Lamarcksche phylogenetische Konstruktion wissenschaftlich nicht haltbar ist.[47] Mit dieser letzten Behauptung kommt sie der ontogenetischen Lösung nur scheinbar sehr nahe – die Beschneidung der Söhne am 8. Tag als ein Kindheitstrauma Freuds – denn sie folgt ihr nicht.

Freud hat sich bis zum Schluss an Lamarck gehalten, ungeachtet seines Glaubens an die Theorien Darwins. Gegenwärtig ist eine Rehabilitierung Lamarcks in den Epigenetika zu beobachten, auf die wir jedoch nicht tiefer eingehen können. Wie jedoch nachgewiesen wurde, werden bei Mäusen bestimmte Veränderungen der DNA an die nachfolgenden Generationen weitergegeben.[48]

47 Grubrich-Simitis, Ilse: *Freud's Study of Moses as a Daydream: a biographical essay.* In: Grubrich-Simitis, Ilse: *Early Freud and late Freud.* New Library of Psychoanalysis 29. London/N.Y.: Routledge, 1997, S. 53–113

48 Siehe Junko Arai u. a., *Transgenerational rescue of a genetic defect in longterm-potentional and memory formation by juvenile enrichment.* In: The Journal of Neuroscience, 4. Februar 2009

Parapraktiken um Moses und den Monotheismus

Wir müssen kurz abschweifen, um einen Blick auf die Neigung Freuds zu werfen, seine Entdeckungen sich selbst zuzuschreiben, wobei er nicht selten vergaß, wo er diese Ideen bei anderen gefunden hat. Das wichtigste Beispiel dafür ist seine Haltung gegenüber einem seinerzeit persönlichen Freund, und zwar Karl Abraham.

Es ist der 11. Januar 1912, als Karl Abraham an Freud schreibt, dass er die Vorarbeit für einen Artikel beendet habe, dessen Thema Freud mit Sicherheit interessieren werde – es gehe um Amenhotep IV und den Atonkult. Um Echnaton also. Freud reagiert postwendend mit: „*Schau, schau! Amenhotep IV, in psychoanalytischer Beleuchtung*". Und er fügt direkt hinzu: „*Wissen Sie, dass Sie jetzt mit Stekel und Sadger zu den Bêtes Noires der Psychoanalyse zählen, vor denen ich selbst immer gewarnt wurde?*"[49] Dies sollte mit Sicherheit kein gut gemeinter Witz sein. Freud hielt keine besonders großen Stücke auf Stekel, der ein natürliches Verständnis für das Unbewusste hatte und das an den Mittwochabenden bei Freud keineswegs kaschierte. Auch von Sadger, der als sein ältester Schüler später eine kritische Biographie über ihn verfasste, hatte Freud keine hohe Meinung, wobei er sich in dieser Einschätzung mit den anderen Wiener Psychoanalytikern durchaus einig war.[50]

49 Falzeder, Ernst (Herausgeber): *The Complete Correspondence of Sigmund Freud and Karl Abraham*. Karnac, Londen, New York, 2002, S.147

50 Sadger, Isidor: *Sigmund Freud. Persönliche Erinnerungen*, S. 75: '[Freud] sagte auch, Jude zu bleiben (sich nicht taufen zu lassen), doch ein aufrechter, volksbewusster Jude ward er bis zu seinem Ende nie!'

Dass Freud *Der Mann Moses und die monotheistische Religion* das liebste unter all seinen Werken war, unterstreichen die Verdrängungen, Verneinungen, die er bei der Arbeit an diesem Buch beging. Nach dem Tod Karl Abrahams im Jahr 1925 hat er dessen Namen ebenso aus seinem Gedächtnis gestrichen, wie Echnaton den Namen seines Vaters Amenhotep auslöschte.

Dieser Artikel von Abraham stimmt in großen Teilen mit den Überlegungen Freuds in *Der Mann Moses und die monotheistische Religion* überein: *„Amenhotep IV war der erste große Mann im Reich der Ideen in der geschriebenen Geschichte“. „Seine Lehre beinhaltet nicht nur wesentliche Elemente des jüdischen Monotheismus, sondern ist ihm auf vielerlei Weise voraus. Gleiches gilt für das Christentum: Aton weiß nichts von dem Hass, der Eifersucht und den Strafen des alttestamentarischen Gottes.“* Anders als Freud stelle Abraham keinen Kausalzusammenhang zwischen der Religion Echnatons und der des Moses her. Er sieht eine Verbindung zwischen Aton und Adonis, nicht jedoch zu Adonai. Da Freud schon 1912 den Vatermord in *Totem und Tabu* erwogen hatte, muss er also an die Ermordung Moses gedacht haben, aber er hielt es für verfrüht, diesen Zusammenhang herzustellen.

Als Freud 10 Jahre nach dem Tod Abrahams mit seiner Schrift *Der Mann Moses und die monotheistische Religion* beginnt, nennt er in der Abhandlung den Namen Karl Abrahams *nicht*.

Aber Karl Abraham war nicht der Einzige, dessen Name zu Unrecht in diesem Werk unerwähnt blieb.

Der von Freud sehr bewunderte Friedrich Schiller schreibt in seiner Abhandlung *Die Sendung Moses*, dass aller Wahrscheinlichkeit nach hier [in Ägypten] die erste Idee von der Einheit des höchsten Wesens im menschlichen Hirn entstanden ist. Freud nennt auch ihn nicht (es ist Ernst Blum, der darauf hinweist.[51]).

Ebenfall unerwähnt bleibt Popper-Lynkeus, laut Freud ein genialer Mann, der die prachtvolle Geschichte *Der Sohn des Königs von Ägypten* verfasste. Israel Doryon, ein in Jerusalem lebender Autor, wies Freud 1938 auf Übereinstimmungen mit der genannten Erzählung hin. Freud schreibt in seiner ausführlichen Antwort: *„Phänomene von sogenannter Kryptomnesie sind bei mir sehr häufig vorgefallen und haben die Herkunft von scheinbar originellen Ideen geklärt"*.

Und Sadger sagt in seiner Biographie Freuds (siehe Fußnote 50), dieser sei nicht in der Lage, originelle Entdeckungen anderer anzuerkennen.

Freud wollte also selbst, am liebsten ganz allein, Dinge herausfinden. In seiner Bibliothek befanden sich 56 Bücher zur Religion sowie 48 Handbücher zur ägyptischen Sprache und Kunst, zum Hebräischen und zur Anthropologie. Zweifellos hat er die Zeitungsberichte über die Entdeckung des Grabes von Tutenchamons, des Sohns von Echnaton, durch Howard Carter und Lord Carnarvon im Jahr 1922 verfolgt – so standen in seiner Bibliothek auch die drei Teile von *The Tomb of Tut.ankh.Amen*. Er wird gehofft haben, noch miterleben zu können, dass Spuren

51 Blum, Ernst, *Über Sigmund Freud: Der Mann Moses u. die monotheistische Religion*. In: Psyche X, 1956–57, 367–390.

des historischen Moses gefunden werden, hatten die Zeitungen doch 1905 von der vermeintlichen Entdeckung der Namen Moses und Hatschepsut in Serabit el Khadim auf dem südlichen Sinai berichtet.

Teil III. Wissenschaftliche und archäologische Schlussfolgerungen

Wie denkt die heutige Wissenschaft über die Existenz von Moses und Abraham, über den Auszug aus Ägypten (und die Verbannung durch die Römer)?

Die Archäologie zeichnet sich vor allem dadurch aus, dass sich eine ganze Reihe von Fragen im Grunde verifizieren lassen – alles, was unter Sand begraben liegt, bleibt erhalten und kann wieder entdeckt werden. Wenn nur eine der Mosesfiguren existiert hat, die in der Wüste große Steine aufrichten ließ, für jeden Stamm einen, dann gibt es eine reale Chance, dass diese Steine früher oder später gefunden werden, und wenn es zwölf sind, dann müssen wir die Möglichkeit ins Auge fassen, dass es die Steine von Moses sind. Nicht anders verhält es sich mit dem Unbewussten, dessen tiefere Schichten offenkundig noch intakt sind.

Jüdische wie nicht jüdische Gelehrte haben aus diesen Fragen wissenschaftliche Schlussfolgerungen gezogen, zum Beispiel was den Auszug aus Ägypten und die Eroberung Kanaans betrifft. Aus jüdischer Sicht gibt es folgende Sichtweisen:

Emmanuel Anati, der vielleicht bedeutendste Experte auf dem Gebiet prähistorischer Felsmalereien und ein ausgewiesener Kenner des Sinai[52], ist 1984 im Verlauf seiner Forschungen in der Wüste Negev als erster auf die Idee gekommen, dass der Berg Har Karkom, bei den Beduinen als *Jebel Ideid, (Berg der Verehrungen oder Berg der Menschenscharen)* bekannt – mit dem Sinai aus der Thora identisch sein könnte, und zwar aufgrund seiner geografischen Merkmale und der auffälligen Form seines Gipfels, der aussah wie von Gott selbst geschaffen.

Emmanuel Anati formulierte mehrere Kriterien, die der Berg Sinai erfüllen muss (siehe: www.harkarkom.com/Gallery.php):

- Geografische Ortbestimmungen wie beispielsweise „100 bis 200 km südlich von Kadesh Barnea"; „an einer Route mit elf Rastplätzen, an denen Wasser vorhanden ist".
- In der unmittelbaren Umgebung muss es Überreste ständig bewohnter Siedlungen geben; es müssen genügend Brunnen vorhanden sein, um eine Gemeinschaft von 3000 bis 10.000 Menschen und ihr Vieh mit Wasser versorgen zu können; es muss eine Art Savannenlandschaft sein, auf der das Vieh zu bestimmten Jahreszeiten grasen kann.
- Auf dem Gipfel des Berges muss sich eine kleine Grotte befinden; auf dem Berg müssen Überreste

52 Emmanuel Anati: *Har Karkom, The Mountain of God.* Rizzoli New York, 1986, und: "The Riddle of Mount Sinai". Studi Camuni, 2001

eines (midianitischen) Heiligtums oder Tempels stehen.
- Am Fuße des Berges muss es einen Altar mit daneben 12 aufgerichteten Steinen geben; ein Ofen, um Metall zu schmelzen und eine Wasserquelle.

Bis auf den Schmelzofen für Metall ließ sich fast alles finden, ausgenommen die Savannengebiete. Die Gegend ist heute wie schon zu Zeiten des von Freud und anderen vermuteten Auszugs zwischen 1350 und 1200 bis auf einzelne Oasen wie Ein Qades eine trockene, ausgedörrte Wüste, in der nur etwas wächst, wenn es gerade geregnet hat – was nur äußerst selten der Fall ist.

Klimaforscher haben festgestellt, dass die Negev im 3. Jahrtausend v. Chr. ein feuchtes Klima und eine sesshafte Bevölkerung hatte. Wie archäologische Funde belegen, hat es danach eine Lücke von rund 1000 Jahren gegeben – zwischen 1950 und 1000 v. Chr. In diesem Zeitraum gab es in diesem Gebiet keine sesshafte Bevölkerung, es war nicht möglich, dass hier 3000 bis 10.000 Menschen mit ihrem Vieh lebten und 40 Jahre oder über einige Generationen hier ansässig waren.

Anati geht aufgrund der archäologischen Evidenz davon aus, dass die Wüste in der späten Bronzezeit, etwa 2200 Jahre v. Chr., von den späteren Israeliten besiedelt war. Er verweist dabei auf eine ägyptische Erzählung, in der Sinuhe, ein hoher Bediensteter des Pharao, fliehen musste, Jahre bei einem kanaanitischen Scheich im Land Retenu (Kanaan oder Umgebung) Unterschlupf gefunden und dort zu Wohlstand gekommen war. Als er von dem Tod des Pharaos, der ihm nach dem Leben getrachtet hatte, erfuhr, kehrte er nach Ägypten zurück. Laut Anati deuten die Übereinstimmungen zwischen den Erzählungen auf eine gemeinsame Matrix des Sagenmaterials hin,[53] der sich die Geschichtsschreiber bedient haben. Der Exodus aus dem ursprünglichen Paradies, dem afrikanischen Rifttal, in dem der Homo sapiens entstand, das einzelne Gruppen aufgrund klimatischer Veränderungen immer wieder verlassen mussten. Sie waren auf der Suche nach dem Gelobten Land, während die Erinnerung an das ursprüngliche Paradies in ihren Mythen und Sagen weiterlebte.

Seiner Meinung nach ist die Geschichte des hebräischen Volkes zeitlich um 1000 Jahre zu verlängern. Dann scheint es auch glaubwürdig, dass die *Einnahme von Jericho* durch die Habiru erfolgte, die sich viel später zum Volk Israel vereinten. Und das geschah nicht um 1200 v. Chr., sondern um 2100 v. Chr., in der späten Bronzezeit. Anati befasst sich mit der Migration aus Afrika nach Europa und Asien, die über die Sinaihalbinsel Jahrtausende gedauert hat, wobei er auch einen Auszug aus Ägypten durch die Vorfahren der Israeliten nicht ausschließt.

Ze'ev Herzog, ein weiterer jüdischer Gelehrter, denkt in diesem Punkt ganz anders. In *Deconstructing the walls of Jericho* sagt er: *„Nach 70 Jahren intensiver Ausgrabungen*

53 In dieser Matrix finden wir andere Legenden, die von den Verfassern des Pentateuch benutzt werden: Zum Beispiel die Geschichte von Utnapishtim aus dem Gilgamesch-Epos, auf der die Geschichte von Noah basieren soll.

auf israelischen Boden sind die Archäologen zu folgendem Schluss gekommen: Die Taten der Patriarchen sind Legende, die Israeliten haben nicht in Ägypten gelebt, sie haben keinen Exodus mitgemacht, sie haben das Land nicht erobert. Weder wird dort (in der Archäologie) das Königreich Davids und Salomons, noch irgendeine Quelle des Glaubens an den Gott Israels genannt." Und er fügt hinzu: *„Diese Fakten sind seit Jahren bekannt, aber die Israeli sind ein halsstarriges Volk, das davon nichts hören will. Der Gott Israels, Jehova, hatte eine Gemahlin (Ascherah) und der Monotheismus kam erst auf, als die Monarchie im Niedergang war, und nicht am Berg Sinai".*[54]

Israel Finkelstein und Neil A. Silberman (David und Salomon 2006[55]) bezeichnen die Geschichten des frühen Israel ebenso wie Herzog als einen Mythos.

Shlomo Sand, Professor für neuere Geschichte in Tel Aviv, führt 2008 in seinem Plädoyer viele Fakten an, um zu belegen, dass der Begriff des „jüdischen Volkes" auf einer *Erfindung* der „Auserwähltheit des jüdischen Volkes"

54 Ze'ev Herzog, Professor of Archeology and Ancient Near East (Tel Aviv University): Deconstructing the walls of Jericho. Copyright Ha'aretz 1999: 'Following 70 years of intensive excavations in the Land of Israel, archaeologists have found out: The patriarchs' acts are legendary, the Israelites did not sojourn in Egypt or make an exodus, they did not conquer the land. Neither is there any mention of the empire of David and Solomon, nor of the source of belief in the God of Israel. These facts have been known for years, but Israel is a stubborn people and doesn't want to hear about it.' (Weitere Argumente bei Ha'aretz 1999.)

55 Finkelstein, Israel und Neil A. Silberman: David en Salomo. Archeologen *ontrafelen een mythe.* Synthese 2010. Niederländische Übersetzung von *David and Salomon, In Search of the Bible's Sacred Kings and the Roots of the Western Tradition.* Free Press, New York. 2006

beruht – ein Wunschtraum, von dem wir uns verabschieden müssen, bevor er zu einem Albtraum wird. Auf den Vorwurf, kein Experte für das alte Israel zu sein, erwidert er, dass uns die betreffenden Sachkundigen bis heute nicht über die eigentlichen Fakten dieses alten Israels aufgeklärt haben. Wichtige Publikationen zur Geschichte sind auf Hebräisch verfasst und somit für den durchschnittlichen Leser, selbst für den intellektuellen Wissenschaftler, nicht zugänglich. Im Übrigen erwähnt er Freuds *Moses und die monotheistische Religion* nicht.[56]

Aus nichtjüdischer Sicht:

Philip R. Davies: *In Search of Ancient Israel*, 1992[57]. Gegenwärtig sind sich einige bedeutende Alttestamentarier in etwa darin einig, dass die Geschichte „*kein* historischer Bericht ist, sondern eine Projektion auf die Vergangenheit dessen, was die schreibenden Priester aus ihren religiösen Motiven heraus für wahr hielten. Zusammenfassend sagt der Alttestamentarier Philip R. Davies: „*Indem ein literari-*

56 Shlomo Sand: *Comment le peuple juif fut inventé*. Fayard, 2008. Juden gibt es nicht nur in Judäa, sondern auch bei den Berbern unter Königin Dihya-el-Kahina, im Königreich Adiabene, im Königreich Himjar im Jemen.

57 Davies, Philip R.: *In Search of 'Ancient Israel*. Journal for the Study of the Old Testament, Suppl. 148. Sheffield Academic Press 1992. S. 30–31: *'Exporting a literary construct and dumping it into Iron Age Palestine has succeeded in creating a 'history of ancient Israel'. But it has also interfered with the real history of Palestine, which now has a cuckoo in its nest. For […] there was a population of Iron Age Palestine, including a kingdom called Israel, and real people lived there, real kings ruled , real wars took place and real transportations, in and out, were practiced by conquering armies and soverains. These are the people and societies whose relics archaeologists discover when they dig for 'ancient Israel. […] Biblical scholarship is guilty of a retrospective imperialism , which displaces an otherwise unknown and uncared-for population in the interests of an ideological construct.'*

sches Produkt [von einer judäischen Priesterelite in Babylonien] exportiert und im Palästina der Eisenzeit [1250 bis 600 v. Chr.] verbreitet wurde, ist es gelungen, auf Kosten der tatsächlichen Geschichte Palästinas , eine Geschichte des alten Israel zu schaffen". Davies fragt sich nicht, ob diese Geschichte wahr ist, sondern – fast wie ein Analytiker – warum sie so geschrieben wurde. Er fährt fort: „*Die Antwort kann nicht lauten: ‚Weil das so war'. […] Schließlich vertritt jeder Autor individuelle, Gruppen- und Klasseninteressen und unwillkürlich ist das, was er beschreibt, nicht unabhängig davon zu sehen.*" Davies: „*… es gab eine Bevölkerung im Palästina der Eisenzeit, einschließlich [so sagt er] eines Königreichs Israel, echte Menschen lebten dort, echte Könige herrschten dort, echte Kriege fanden statt und es kam zu echten Völkerwanderungen, nach innen und außen, durchgeführt von kriegerischen Eroberern und Machthabern.*"

Wie archäologische Ausgrabungen belegen, handelte es sich um ein anderes Volk als das in der Bibel beschriebene. Als Historiker stellt er sich die Frage: „*Wer soll die Geschichte eines Volkes schreiben, dessen wahrer Charakter durch ein literarisches Konstrukt ausgelöscht wurde? Wenn das, was ich sage, richtig ist, hat die Bibelwissenschaft Schuld an einem retrospektiven Imperialismus, der eine anderweitig unbekannte und übergangene Bevölkerung im Interesse eines ideologisches Konstrukts ersetzt*".

Solche Schlussfolgerungen können nur gezogen werden, wenn man sich traut, den Vorbehalt aufzugeben, auf den sich Freud in der oben genannten hebräischen Vorrede zu *Totem und Tabu* und in den *Vorlesungen zur Einfüh-*

rung in die Psychoanalyse bezog. Von daher ist es nicht unwahrscheinlich, dass Freud einer solchen Überlegung hätte folgen und ihr zustimmen können.

Niels Lemche, ein dänischer Alttestamentarier, liefert 1998[58] eine fundierte Übersicht über die unterschiedlichen Theorien bezüglich des Einzugs der Israeliten in Kanaan. Seine eigene Theorie lässt sich auf den Punkt bringen, dass es keine Eroberung Kanaans durch die Israeliten gegeben hat, sondern dass es sich um eine *allmähliche, lang andauernde Evolution der politischen Einheit Israels* handelte, *indem sich 'Habiru', d.h. entflohene Leibeigene oder Pächter aus den kleinen Stadtstaaten, zu Gruppen vereinten*, die in dem schwer zugänglichen Bergland Zentralpalästinas eine gewisse Autonomie gegenüber den Stadtstaaten in der Küstenregion erlangten. Im Verlauf dieses Prozesses schlossen sie sich immer stärker unzufriedenen Elementen aus den Stadtstaaten an, was diese von innen heraus schwächte. Sichem muss schon früh in die Hände der Habiru gefallen sein, Jerusalem folgte. Dass die Habiru mit den Hebräern gleichgesetzt werden müssen, steht für Lemche fest, der in diesem Begriff eher eine soziale Bezeichnung für *'refugiés'* oder *'freebooters'* (Freibeuter) sieht als *eine ethnische Bezeichnung*. Bis 1000 v. Chr. wurde der Begriff von den Philistern und Ägyptern abwertend für die Israeliten benutzt, während Letztere sich selbst als Habiru bezeichneten. Hinsichtlich der Entstehung des Staates Israel hält er es für angemessen, Israel mit den anderen staatenlosen Gemeinschaften zu vergleichen, die gegen

58 Lemche, Niels P.: *The Israelites in History and Tradition*. Library of Ancient Israel. Westminster John Knox Press, Louisville, KY 1998

Ende der späten Bronzezeit entstanden, die Rede ist von den Aramäern, Moabitern, Ammonitern, Edomitern. Gelehrte haben bis heute diesen sozialen Entwicklungsprozess „theologisiert". Während und nach der babylonischen Gefangenschaft wurde das Trugbild, das diese Gemeinschaft von ihrer eigenen Vergangenheit geschaffen hatte, kodifiziert. Er hält es für unrichtig, a priori anzunehmen, dass die israelitische Religion von Anfang an einzigartig war, auch wenn sie das von sich behauptet.

Rolf Krauss (*Das Moses-Rätsel*, 2000[59]), kein Theologe, nichtjüdischer Herkunft, Wissenschaftler und Dozent an der Humboldt Universität Berlin, vertritt in seinem 2000 veröffentlichten Buch *Das Moses-Rätsel* die These, dass die Mosesgeschichte von einem national-religiösen Dichter und Priester verfasst wurde, als die Perser im 5. bis 4. Jahrhundert v. Chr. einen von Priestern geleiteten Staat unter persischer Aufsicht in Jerusalem duldeten. Die Geschichte, wie sie seinerzeit aufgeschrieben wurde, ist ein religiöses Gedicht. Die Geschichte der Religionsstiftung fand nicht im 12. Jahrhundert auf dem Sinai statt, sondern wurde – als eine Erfindung, eine Ergänzung – im 5. Jahrhundert beschrieben. Und auch die Eroberung des zehntausend Jahre alten Jericho wurde darin aufgenommen, obwohl es zur Zeit des Einzugs schon seit Jahrhunderten eine Ruine war. Dabei galt der ägyptische Prinz Mase-saja als Vorbild für Moses.

59 Krauss, Rolf: *Das Moses-Rätsel. Auf den Spuren einer biblischen Erfindung*. Ullstein 2000

Von J.C. de Moor[60], einem protestantischen Theologen, stammt das Buch *The Rise of Jahwism. The Roots of Israelite Monotheism*, das ein bemerkenswertes Kapitel über „Beya – Moses" enthält.

Als sich die 19. ägyptische Dynastie um 1200 v. Chr. ihrem Ende zuneigt, wird der Kanaanit Beya zum eigentlichen Herrscher über Ägypten. Er ist der königliche Schreiber und Diener des Pharao Seti II, der von 1203 bis 1197 regierte. Als Seti stirbt, macht Beya seiner Witwe Tausret den Vorschlag, Siptah auf den Thron zu setzen. Beyas Name könnte die Bedeutung „In Yhwh" („ist mein Vertrauen") haben.

Beya wird als derjenige bezeichnet, „der die Unwahrheit verbietet und die Wahrheit fördert". Er erhielt den Titel „Großkanzler des ganzen Landes". Er wird auf dem Thron sitzend dargestellt, mit Siptah auf seinen Knien. Nach dem plötzlichen Tod Siptahs regiert Tausret als Pharaonin Ägypten 21 Monate lang. Als jedoch mit Sethnakht ein anderer Erbe den Thron besteigt, sucht Tausret Unterstützung bei den Kanaaniten, Beya überreizt seine Machtposition und muss mit Tausret fliehen, nicht über den normalen nördlichen Weg in den Sinai, sondern auf dem schwierigeren Weg der kenitischen Kupferschmiede in Serabit-el-Khadim. Das würde bedeuten, dass es zu Zeiten Beyas, etwa 1200 v. Chr., einen Exodus gegeben hat. Dieser Zeitpunkt stimmt nicht mit der Annahme Freuds überein, der den Auszug auf die Zeit nach Echnaton datierte.

60 Moor, J.C. de, *The Rise of Jahwism. The Roots of Israelite Monotheism.* University Press Leuven 1990. S.136–151.

Offensichtlich lässt sich die genaue Wahrheit der Mosesgeschichte nicht problemlos ermitteln. Aber dieser Autor hält die Existenz einer oder mehrerer Mosesfiguren für durchaus wahrscheinlich. Und so meint Emmanuel Anati: Wie der Nachfolger Cäsars wiederum Cäsar genannt wurde, ist dies auch im Falle Moses geschehen.

Damit lässt sich zusammenfassen, dass der historische Hintergrund von Moses erforscht wurde.

Und nun zurück zu Freuds Faszination für Moses.

Freud wollte die Geschichte Moses rekonstruieren, um von hier aus die des jüdischen Glaubens zu verstehen. Und mehr als das: Er wollte begreifen, warum das jüdische Volk sich so sehr an die mosaische Lehre klammerte, wie der Moses von Michelangelo an die Gesetzestafeln – deshalb hat Freud so lange an der Veröffentlichung des Buches *Der Mann Moses und die monotheistische Religion* festgehalten.

Geht es nicht vielleicht um eine der *Folgen* des mosaischen Gesetzes für die Juden, nämlich um die Beschneidung als Voraussetzung für den Beitritt zum Bund? Freud setzt sich in diesem Buch nicht nur mit der historischen Figur des Moses auseinander, sondern auch zum ersten Mal in schriftlicher Form mit der Thematik der Beschneidung. Nicht weniger als 54 Mal kommt das Wort „Beschneidung“ hier vor. Zum Vergleich: In seinem sonstigen Gesamtwerk taucht dieser Begriff insgesamt nur 15 Mal auf. Man bekommt den Eindruck, dass Freud dieses Thema zwar scheute, sich jedoch gezwungen sah, es auszuarbeiten, betrachtete er die Beschneidung doch als einen unvermeidlichen Aspekt, der seiner Meinung nach einer weiteren Entwicklung des *neuen Judentums* (wie er es in seiner hebräischen Einleitung zu *Totem und Tabu*, siehe Fußnote 13, nennt) im Wege stand.

Nun können wir uns fragen: *Für wen hat Freud dieses Buch geschrieben?* Für seine Kollegen? Für die Alltagspraxis der Psychoanalyse ist es kein unverzichtbarer Bestandteil. Oder schrieb er es für seine jüdischen Mitbürger, für die Zionisten, die sich seit Jahr und Tag dafür stark machten, den Juden eine neue Heimstatt zu geben? Herzl, der Vater des Zionismus, wohnte wie Freud in der Wiener Berggasse.

Freud ging es zunächst darum, Wissen über die Person des Moses zu sammeln, aber er verfolgte auch das etwas fernere Ziel, auf diese Weise *„zur Lösung eines Problems beizutragen, das nach wie vor aktuell ist, aber **erst später genannt werden kann**"*(Hervorhebung durch den Autor).

Es wird allmählich immer wahrscheinlicher, dass Freud hiermit die *jüdische Frage und den Antisemitismus* meinte.

Teil IV. Die jüdische Frage und der Antisemitismus

Einleitung

Sich über Freuds Judentum und den Antisemitismus zu äußern, ist eine heikle Angelegenheit. Und so geschieht das auch weniger als man erwarten würde. Wenn wir uns damit befassen wollen, gehen wir davon aus, die Schriften, Briefe und Anekdoten Freuds psychoanalytisch deuten zu dürfen. Wir legen zugrunde, dass sich Freud selbst in seiner *Traumdeutung* sehr bewusst dafür entschieden hat, darzulegen, wie er seine verborgenen Assoziationen aus seinen Träumen ableiten und deuten konnte. Zudem hat er in seinem Leben so viele persönliche Dinge über sich selbst erzählt, dass wir daraus unsere Schlüsse ziehen dürfen. Wir gehen also ein Risiko ein, um Freud besser zu verstehen, indem wir ergänzen, was er vielleicht nicht für die Öffentlichkeit geschrieben hätte.

Mikael Enckell setzt 1988 in einem Artikel über Freuds jüdischen Hintergrund folgende Sätze an den Anfang seiner Überlegungen: „*Ein Psychoanalytiker hat zwei gute Gründe, das jüdische Element in dem, was Freud die psychoanalytische Bewegung nannte, zu ignorieren. Der erste liegt darin, dass er ein Jude ist. Der zweite hat damit zu tun, dass er kein Jude ist*".[61]. Demgegenüber hatte Peter Gay bereits zwei Jahre zuvor Vorlesungen über den gottlosen Juden[62], also Freud, gehalten, wo er sagte: „*Wir alle kennen doch fähige Psychoanalytiker, die am Jom Kippur fasten, aber was uns dies über den Geist Freuds und den Entwurf der Psychoanalyse sagt, ist alles andere als deutlich*".

In der psychoanalytischen Welt der Niederlande ist der Umgang mit dem Judentum zweimal in den Blickpunkt der Öffentlichkeit geraten. Ein Mal um 1938, als Reik, Landauer, Watermann und Levy-Suhl sich hier niederlassen wollten und ein weiteres Mal ab 2000, als ein Konflikt

61 *Psychoanalysis and the Jewish Tradition*. Scandinavian Psychoanalytic Review, 1988, 11(2):141–159. Mikael Enckell, M.D. '*A psychoanalyst may have two good reasons to disregard the Jewish element in what Freud called the psychoanalytical movement. The first is if he is a Jew. The second is if he is not a Jew*'.

62 Gay, P.: *Een goddeloze jood. Freud, het atheïsme en het ontstaan van de psychoanalyse*. De Haan1987/1988.

hinsichtlich der Ausbildungskriterien der NVPA (Niederländische Vereinigung der Psychoanalytiker) entstand, wobei der – vermeintliche – Antisemitismus einiger Mitglieder zu einem wesentlichen Faktor wurde.[63]

In den psychoanalytischen Fachzeitschriften wie dem *International Journal of Psychoanalysis* und auf den zweijährlichen Kongressen gilt das Interesse nicht dem großen Rätsel, das Freud beschäftigte: Was hält den Antisemitismus aufrecht? Wie ist es um den Beitrag der Nichtjuden und Juden bestellt?[64]

Können wir dem, was bis heute bekannt ist, etwas Wesentliches hinzufügen? Welche Untersuchungen widmen sich der Aussage Freuds aus dem Jahr 1939: „*Warum es für die Juden unmöglich gewesen ist, den Fortschritt mitzumachen, den das Bekenntnis zum Gottesmord bei aller Entstel-*

63 Seinerzeit wurde bei der *Commission on Ethics* der IPA (am 4.03.2001) von 24 Mitgliedern eine Beschwerde eingereicht. Auf diese Beschwerde hat die IPA am 22. Mai 2001 geantwortet, man *'no breach of the IPA Ethical code'* gefunden. Auf den weiteren Verlauf dieses Konflikts gehen wir hier nicht ein, außer in einem Punkt. Auf ein Schreiben vom 21.08.2000 eines Ehrenmitglieds der Beschwerde führenden Gruppe, in dem es hieß, dass es gefährlich sei, jemanden als Antisemiten abzustempeln, da man sich nur schwer von diesem Stigma befreien könne, hat die Leitung seinerzeit nicht positiv reagiert. Man hat im Gegenteil das Schreiben einem sogenannten Sachverständigen vorgelegt, der es auf seinen antisemitischen Inhalt überprüfen sollte.

64 1995 hat es auf dem IPA-Kongress eine Arbeitsgruppe gegeben, die sich unter der Leitung von M. Ostow mit dem Artikel *Myth and Madness. A Report of A Psychoanalytic Study of Antisemitism* befasste. International Journal of Psychoanalysis 77, 1996, 15–31. Unter den untersuchten 19 Patienten mit antisemitischen Merkmalen gab es „nur wenige echte" Antisemiten. Wie viele es waren, wird nicht gesagt. Also muss der Leser selbst entscheiden, wie groß dieses Problem tatsächlich war. Die meisten antisemitischen Bemerkungen wurden von Patienten geäußert, die nach irgendeiner vertretbaren Definition nicht als Antisemiten bezeichnet werden können.

lung enthielt, wäre Gegenstand einer besonderen Untersuchung. Sie haben damit gewissermaßen eine tragische Schuld auf sich geladen; man hat sie schwer dafür büßen lassen."[65]

Was finden wir bei Freud, das uns bei dieser Untersuchung den Weg weisen könnte? Wir haben uns in der Literatur umgesehen: Didier Anzieu[66], Peter Gay[67], Ernest Jones[68], Wilhelm Reich[69], Theodor Reik[70], Paul Roazen[71], Hanns Sachs[72], Isidor Sadger[73], Max Schur[74]... aber vielleicht haben wir einige Dinge übersehen.

Sein Schüler Theodor Reik unternahm einen Versuch, sich einen Begriff vom Charakter des jüdischen Volkes zu

65 Man könnte sagen, dass Paulus das Monopol auf das Leiden, dass die Juden für sich reklamieren, preisgegeben hat.

66 Anzieu, Didier: *Freud's Self-analysis*. Hogarth Press and the Institute of Psycho-Analysis, London, 1986

67 Gay, Peter: *Freud. A Life For Our Time*. J.M. Dent & Sons, London, 1988. Gay, Peter: *Een goddeloze jood. Freud, Het Atheïsme en het ontstaan van de Psychoanalyse* (Yale University 1987) De Haan, 1988

68 Jones, Ernest: *The life and work of Sigmund Freud I, II, III*. Basic Books 1957

69 Reich, Wilhelm: *Reich speaks of Freud. Wilhelm Reich discusses his work and his relationship with Sigmund Freud (with Kurt Eissler)*. Ed. by M. Higgins and C.M. Raphael. Condor Book 1967

70 Reik, Theodor: *Der eigene und der fremde Gott. Zur Psychoanalyse der religiösen Entwicklung*, Imago Bücher/III, Internationaler Psychoanalytischer Verlag. Wien 1923.

71 Roazen, Paul: *Meeting Freud's Family*. Unversity of Massachusetts Press, Amherst, 1993

72 Sachs, Hanns: *Freud. Master and Friend*. Imago Publishing Co., London, 1945

73 Sadger, Isidor: *Sigmund Freud. Persönliche Erinnerungen. Herausgegeben und mit einem Nachwort versehen von Andrea Huppke und Michael Schröter*. Edition Discord. Tübingen, 2006

74 Schur, Max: *Freud Living and Dying*. The Hogarth Press and The Institute of Psycho-analysis, London 1972

machen. Sein Buch *Der eigene und der fremde Gott. Zur Psychoanalyse der religiösen Entwicklung* (1923) beinhaltet die Ausarbeitung seiner Lesungen, die er u. a. 1920 auf dem IPA-Kongress in Den Haag gehalten hat. Er wollte damit, wie er in seinem Vorwort sagt, „einen Versuch darstellen, aus analytischer Sicht die Erscheinungen der religiösen Feindseligkeit und Intoleranz psychologisch zu erklären und zugleich die tieferen Ursachen der religiösen Verschiedenheiten erforschen." Zum Charakter des jüdischen Volkes äußert er sich an gleicher Stelle sehr offenherzig: *„Hier aber stoßen wir auf das Problem der Ausnahmestellung, welche die Juden beständig für sich in Anspruch nehmen. [...] Wir wissen nicht, welche Ereignisse in der Frühzeit der Israelitischen Stämme es waren, an die sich später so konstante Entschädigungsansprüche knüpften, werden aber der Annahme nicht entraten können, dass es besonders schwere ‚Traumen' waren, die eine so starke Kränkung des narzisstischen Stolzes bedingten. Die Zerstörung der nationalen Selbständigkeit und die Vertreibung aus dem Lande mögen in späterer Zeit Wiederholungen der ursprünglichen Ereignisse gewesen sein, welche die Entwicklung des in einem abnorm gesteigerten Narzissmus wurzelnden Auserwähltheitsglaubens entscheidend gefördert haben."*

Der Gedanke, dass es in der frühen Geschichte des israelischen Volkes einen traumatischen Zeitraum gegeben hat, der für den Charakter der Juden prägend war, scheint hier neu, aber Freud kommt dem schon 1916 sehr nahe, wenn er sich in *Einige Charaktertypen aus der psychoanalytischen Arbeit* am Beispiel Richard III von Shakespeare mit den *Ausnahmen* befasst und dabei auch von „*der Charakterverbildung […] im Benehmen* **ganzer Völker** *(Hervorhebung durch den Autor) mit leidenschwerer Vergangenheit spricht.*“[75].

1937, also zwölf Jahre später, schreibt Freud an Ehrenwald als Dank für die Zusendung seines Buches *Über den sogenannten jüdischen Geist*: „*Ich habe vor einigen Jahren begonnen, mir die Frage vorzulegen, wie der Jude den ihm eigentümlichen Charakter erworben hat und habe nach meiner Gewohnheit bei den ersten Ursprüngen eingesetzt. Ich bin nicht weit gekommen. Ich war überrascht zu finden, dass schon das erste, sozusagen embryonale Erlebnis des Volkes, der Einfluss des Mannes Moses und der Auszug aus Ägypten, die ganze weitere Entwicklung bis auf den heutigen Tag festgelegt hat […]*“[76] Kommt Freud hier über die Theorie von Lamarck der Vererbung von Erfahrungen nahe?

Solche Überlegungen hätten Freud bei seinem Vorhaben helfen können, dem Rätsel der jüdischen Frage wissenschaftlich näher zu kommen und sich Reik anzunähern. Aber zurzeit findet man nichts (vor allem nicht in der PEP), was eine Fortführung dieser Gedanken durch Freud oder einen seiner Schüler belegen würde. Das Interesse der Psychoanalyse konzentrierte sich auf Aspekte wie die Entwicklungsmöglichkeiten der Psychoanalyse in Berlin, London oder Amerika. 1926 zog das Problem der Laienanalyse – von Reik! – die Aufmerksamkeit Freuds auf

75 Sigmund Freud, *Werken 7*, 1915–1917, p. 190. *Standard Edition* 4: p. 309 e.v.

76 Zitiert in Gay, siehe Fußnote 66.

sich. Wir wissen nicht, ob in dem Briefwechsel zwischen Freud und Reik bzw. anderen etwas steht, was diese Problematik erhellen könnte. Inzwischen ist durchaus denkbar, dass Freud, der Mühe hatte, anderen in Dingen, mit denen er sich selbst beschäftigte, den Vortritt zu lassen (siehe seine Reaktion auf Abrahams Artikel über Echnaton) nicht in der Lage war, die Überlegungen Reiks mit Begeisterung aufzunehmen, da er sich gerade selbst noch mit eben diesen Gedanken Thematik auseinandersetzte.

Freud hat in seiner *Traumdeutung* viel Selbstanalyse betrieben, um seinen Lesern das Verständnis für die dahinter verborgenen Faktoren zu erleichtern, die es möglich machen, einen Traum zu deuten. Einerseits ging es Freud nicht nur um die eigenen Träume, sondern um Träume im Allgemeinen – was für seine Träume galt, traf auch auf die Träume anderer zu. Manchmal scheint Freud nicht alles über seine eigenen Träume sagen zu wollen, anscheinend denkt er, jemand, der gut begreift, werde auch verstehen, was er meint. Die Vorbemerkungen zur *Traumdeutung*, den umfangreichen Briefwechsel mit Wilhelm Fliess, wollte Freud nicht veröffentlichen. Marie Bonaparte, seine französische Schülerin und Freundin, hat ihn davon überzeugen müssen, dass die Briefe für das Verständnis der Psychoanalyse publiziert werden mussten (und analysiert werden konnten). Freud stimmte zu, wenn auch schweren Herzens. Wenn wir das Problem Freuds und das des Judaismus, einschließlich seiner Haltung zum Antisemitismus, untersuchen wollen, nehmen wir uns die Freiheit, Freud zu analysieren, auch wenn er Dinge, die wir von ihm hätten erwarten können, *nicht* gesagt hat.

Einer der wenigen Berichte über den Antisemitismus im Leben Freuds ist der Vorfall, den ihm sein Vater erzählt hatte. Es ging darum, dass dieser als junger Mann eine neue Pelzmütze trug, die ihm ein Nichtjude mit den Worten vom Kopf schlug: „Jude, runter Bürgersteig!"

„Und was hast du gemacht?" fragte Freud. Sein Vater antwortete: „Ich bin auf die Straße gegangen und habe meinen Hut aufgehoben". Freud hatte etwas Heldenhafteres hören wollen und war von seinem Vater sehr enttäuscht.

Danach trat das Thema des Antisemitismus in den Schriften Freuds in den Hintergrund. Erst 1909 taucht es – wenn auch nur in einer Fußnote[77] – wieder auf, und zwar im Zusammenhang mit der Behandlung des kleinen Hans[78], wo Freud den Kastrationskomplex als tiefste unbewusste Wurzel des Antisemitismus mit der Beschneidung verbindet, denn im Kinderzimmer hört ein kleiner

77 Offensichtlich liest er viele Fußnoten. Winnicott schreibt in *The Use of an Object*, S. 244: *'I am somewhat addicted to his footnotes and quotations which he perhaps allows to go further than he can go in terms of theory as it obtains at the time of his writing.'*

78 (*Werken* IV 456n34; St. Ed. X, 36) *'Ich kann den Zusammenhang nicht so weit unterbrechen, um darzutun, wieviel Typisches an Gedankengängen ist, die ich hier dem kleinen Hans zumute. Der Kastrationskomplex ist die tiefste unbewußte Wurzel des Antisemitismus, denn schon in der Kinderstube hört der Knabe, daß dem Juden etwas am Penis – er meint, ein Stück des Penis – abgeschnitten werde, und dies gibt ihm das Recht, den Juden zu verachten. Auch die Überhebung über das Weib hat keine stärkere unbewußte Wurzel. Weininger, jener hochbegabte und sexuell gestörte junge Philosoph, der nach seinem merkwürdigen Buche Geschlecht und Charakter sein Leben durch Selbstmord beendigte, hat in einem vielbemerkten Kapitel den Juden und das Weib mit der gleichen Feindschaft bedacht und mit den nämlichen Schmähungen überhäuft. Weininger stand als Neurotiker völlig unter der Herrschaft infantiler Komplexe; die Beziehung zum Kastrationskomplex ist das dem Juden und dem Weibe dort Gemeinsame.'* …

Junge, dass bei einem Juden etwas von seinem Penis abgeschnitten – ein Stück von seinem Penis, denkt er – und das gibt ihm das Recht, die Juden zu verachten.(siehe *Freuds Gesammelte Werke VII* S. 271).

Diese Fußnote verlangt nach einer Klärung, denn warum erzählt das Kindermädchen dem Jungen, dass dem Penis jüdischer Jungen etwas fehlt? Man kann vermuten, dass Freud an ein nichtjüdisches Kindermädchen dachte, die im Kinderzimmer (jüdischer Familien) bei dem Jungen[79] die Beschneidung bemerkte. Also kann man auch erwarten, dass dort gestanden hat: „*Im Kinderzimmer hört der jüdische Junge von seinem katholischen Kindermädchen, dass bei nichtjüdischen Jungen nichts von dem Penis abgeschnitten wird.*"[80].

Danach vergehen einige Jahre, bis Freud sich dieser Thematik erneut zuwendet, obwohl er vermutlich das 1901 erschienene Buch von Graf Coudenhove *Das Wesen des Antisemitismus* [81] gelesen hatte. Aber inzwischen ging es in

---

79 Mehrere jüdische Autoren berichten, dass sie in ihren Kinderjahren von nichtjüdischen Kindermädchen versorgt wurden. Siehe u. a. Elias Canetti: *Die gerettete Zunge*. Wien 1977

80 Der Fußnote ist in der *Standard Edition* und den Werken hinzugefügt, dass Freud in seinem *Der Mann Moses und die monotheistische Religion* ausführlicher auf den Antisemitismus eingeht.

81 *Das Wesen des Antisemitismus*, von Graf Coudenhove-Kalergi. Der Autor war ein österreichisch-ungarischer Diplomat in Japan. Sein Sohn entwickelte die Idee eines Vereinten Europa, in dem die einzelnen Länder wirtschaftlich und politisch zusammenarbeiten sollten. Um dieser Idee Geltung zu verschaffen, gründete er 1922 mit der Paneuropäischen Union die älteste Einheitsbewegung Europas. Zu ihren Mitgliedern gehörten u. a. Thomas Mann, Albert Einstein und Konrad Adenauer. Er hat das 1901 verfasste Buch seines Vaters 1929 publiziert und dazu eine von Freud gerühmte Einleitung geschrieben. Wahrscheinlich war dies die Quelle für das Exzerpt Freuds, auf das er in der deutschen Emigrantenzeitschrift 1938 hingewiesen hat

Wien um eine etwas andere Lösung der jüdischen Frage, um die Gründung eines jüdischen Staates in Palästina. Mittlerweile scheint es, als sei dieses heikle Thema bei den damaligen (meist jüdischen) Psychoanalytikern auf wenig Interesse gestoßen.

Hingegen waren Juden wie beispielsweise Rothschild in England an der legendären Geschichte ihres Volkes höchst interessiert – jeder Jude fühlte sich als Nachfahre Abrahams und das verleiht dem Zionismus in den dreißiger Jahren des 20. Jahrhunderts eine starke Anziehungskraft.

Teil V. Der Hintergrund der wissenschaftlichen Situation hinsichtlich des Antisemitismus' in den letzten zehn Lebensjahren Freuds

Einer der bedeutendsten Archäologen jener Zeit, Sir Leonard Woolley[82], hält 1929 vor der *Jewish Historical Society* in London einen Vortrag über die Ausgrabungen in Ur in Chaldäa, wobei er die Bibeltexte zum Vergleich heranzieht. Der Rabbiner Moses Gaster stellt ihn mit den beigeisterten Worten vor: „*Mr. Woolley [...] has opened a new chapter of the history of the past, and ... (he) will show us the place, and perhaps* ***the very house*** *[Hervorhebung vom Autor] where our father Abraham lived some*

(siehe dazu im Folgenden). In Freuds Bibliothek befindet sich ein Exemplar von 1930.

82 Woolley, Sir C. Leonard: *The excavations at Ur and the Hebrew Records*. Allen & Unwin LTD, London 1929

thousands years ago". Leonard Woolley legt in seinem Vortrag dar, dass Abraham kein Beduine, sondern ein ‚*city-dweller*' war, der unter dem Einfluss der Sumerer gestanden hatte und den *Tempelkomplex in Ur* gekannt haben musste. Abraham war folglich gebildeter als die normalen Semiten, die Beduinen in jener Zeit. Man kann sich die Frage stellen, ob die Mitglieder der *Jewish Historical Society* die Idee, dass Abrahams Haus wieder zu finden wäre, glaubten. Unwahrscheinlich ist es nicht. Nicht nur die orthodoxen, sondern wahrscheinlich auch die säkularen Juden hielten es für möglich, das Haus Abrahams wiederzufinden. Auch wenn man nicht mehr an Jahwe glaubte, so war man natürlich von der Existenz Abrahams überzeugt – ebenso wie auf den Tontafeln zu lesen war, dass der König von Uruk, Gilgamesch, im Jahr 2650 v. Chr. gelebt hatte. Außerdem hatte man 1924 das Grab von Tutanchamon in dem Zustand entdeckt, *wie es vor 3000 Jahren zurückgelassen worden war*. Kurzum, gläubig oder nicht, sich von dem Gedanken zu distanzieren, als Jude von Abraham abzustammen, war wahrscheinlich schwierig.

Freuds Schüler Hanns Sachs[83] – der kein orthodoxer Jude war – schreibt in seinen Erinnerungen an Freud, eine der ältesten jüdischen Traditionen berufe sich auf den Glauben, dass alle Juden, die geboren wurden und *noch geboren werden* [Hervorhebung durch den Autor], auf dem

83 Sachs, Hanns: *Freud. Master and Friend.* Imago Publishing Co., London, 1945. p. 150

Berg Sinai zugegen waren[84] und „das Joch des Gesetzes" auf sich genommen haben. Und weiter heißt es bei Sachs, wenn man diesen gottesfürchtigen Gedanken von der Beschränktheit der Doktrinen von Glauben und Nationalität trenne, entspräche das Freuds Antwort auf das Problem des Lebens.

Der Gedanke des auserwählten Volkes auf dem Sinai hat einen starken Einfluss auf das Zusammengehörigkeitsgefühl der Juden gehabt, er befriedigt das Verlangen nach Größe, das die Juden (wie auch andere Anhänger eines monotheistischen Gottes) auszeichnet. Dies hat nicht nur gottesfürchtige, sondern auch gefährliche Folgen. Die Auffassung, zu einem Volk zu gehören, das von Gott auserwählt wurde und der Gedanke, dass die noch *nicht geborenen* Juden am Fuße des Sinai gestanden haben oder stehen werden, ist so befriedigend für das narzisstische Selbstgefühl, dass man sich nur schwer von einer solchen Vorstellung lossagen kann, auch wenn man nicht mehr an Gott glaubt. Nicht nur bei den nicht auserkorenen Stämmen ist das Problem der Eifersucht virulent, auch für das auserwählte Volk bleibt es nicht ohne Folgen: Seine Angehörigen haben mehr Rechte als die „normalen Menschen", denn Gott hat nicht von ungefähr diesen einen Stamm auserwählt.

Der Wunsch des Kindes, das *auserwählte* Kind seiner Eltern zu sein, das den anderen Geschwistern vorgezogen wird, kann in der Entwicklung zum Erwachsenwerden nur sehr schwer aufgegeben werden. Auf ein Privileg zu

84 Der von Anati als Berg Har Karkom identifiziert wurde: siehe Fußnote 52.

verzichten, fällt dem Menschen schwer. Wir lernen in unseren Kinderjahren von unseren Müttern oder Großmüttern, dass wir nicht all unsere Triebe gegenüber unseren Geschwistern und anderen Familienmitgliedern, in der Schule und Gesellschaft ausleben dürfen. Aber es kostet uns offensichtlich Mühe, den Gesellschaftsvertrag einzuhalten, in dem wir Gesetze vereinbart haben, an die sich jeder zu halten hat.

Freud bewunderte Darwin, weil er uns in seinem *The Origin of Species* (1859) vor Augen führte, dass der Glaube an den Menschen als Krone der Schöpfung fallen gelassen werden musste. Zuvor hatte Galileo Galilei gesagt, dass sich die Sonne nicht um die Erde dreht und die Erde nicht der Mittelpunkt des Universums ist. Galilei, Darwin und Freud raubten dem Menschen seinen besonderen, ja göttlichen Ursprung. Und was für die Menschheit galt, besaß – so Freud – auch Gültigkeit für das jüdische Volk.

Teil VI. Freuds eigene Haltung gegenüber dem Judentum

Aber nun stellt sich die Frage, wie Freud dem Judentum oder besser gesagt, *seinem* Judentum gegenüberstand. Freud gehörte von 1896 bis zum Ende seines Lebens der Loge B'nai B'rith (Söhne des Bundes) an und hielt dort im Oktober 1897 zwei Vorträge über die *Traumdeutung*, also drei Jahre vor der Veröffentlichung des Buches. Die Verbundenheit mit der Vereinigung bestand 20 Jahre, in denen Freud 21 Vorträge vor dieser Loge hielt, darunter

The mental life of children (1900), *Coincidence and superstition* (1901), *About Dreams* (1902), *On jokes* (1907) und *We and death* (1915).

Freud war enttäuscht, dass ihm in Wien aufgrund des antisemitischen Widerstands der Stadtverwaltung kein Lektorat angeboten wurde. Er fand Trost in der Balfour-Deklaration aus dem Jahr 1917, die den Juden eine Heimstatt in Palästina versprach.[85].

Zwei jüdische Historiker, beides spätere israelische Präsidenten, David Ben Gurion und Jizchak Ben Zvi, schrieben 1917 das Buch *Das Land Israel in Vergangenheit und Gegenwart*[86] – auf Hebräisch (das Freud nicht beherrschte) und für die New Yorker Juden auf Jiddisch – das erst 1980 ins Englische übersetzt wurde. Hierin legten sie dar, dass *die wahren Erben des Heiligen Landes* die (palästinensischen) Fellachen waren, die dort früher als Juden, später vielleicht als Christen, gelebt hatten, mit dem aufkommenden Islam jedoch gezwungen wurden, den moslemischen Glauben anzunehmen. Ben Gurion und Ben Zvi hofften, mit diesen Fellachen wie mit Brüdern und Schwestern gemeinsam am Aufbau des Landes zu arbeiten. Aber 1929 brach in Hebron ein Pogrom gegen die Juden aus und in der Folgezeit greifen diese zukünftigen Präsidenten ihre Ideen aus dem Jahr 1917 nicht wieder auf. Wir wissen nicht, ob Freud davon wusste, aber es ist nicht unmöglich, denn er erfuhr vermutlich viel über seine

85 Hilda C. Abraham: *Karl Abraham: An Unfinished Biography.* International Review of Psychoanalysis, 1:17–72 1974

86 *Eretz Israel dans le passé et dans le présent*, zitiert in: Sand, Shlomo: *Comment le peuple juif fut inventé.* Fayard, 2008

Patienten und Kollegen. Er sprach, wie er selbst sagt, kein Hebräisch[87]. Zumindest hat er 1926 seine Einstellung zum Zionismus offensichtlich geändert, indem er sich von dieser Bewegung distanzierte. Dies geht u. a. in seiner Antwort auf die Glückwünsche der B'nai B'rith zu seinem 70. Geburtstag hervor, in der er eine Erklärung abgibt, die an Deutlichkeit nichts zu wünschen übrig lässt:

„Unsere Loge gründet auf einer nationalen Basis und verfolgt vor allem ethische Ziele. Meine Haltung zu den moralischen Werten ist unter uns nicht immer deutlich verstanden worden. Ich glaube, dass die Such nach deren Quelle und das Aufzeigen ihrer Beweggründe die Wertigkeit oder den Wert der menschlichen Ethik nicht schmälert. Selbst wenn sich zeigt, dass das moralische Gewissen nur eine Reaktion auf bestimmte Merkmale der menschlichen Natur ist, ist die Fähigkeit, so zu reagieren, zu einem Teil der menschlichen Konstitution geworden.“

Sigm. Freud[88]

87 Meitlis verkündet Folgendes: *'[Freud's son in London told me that] Freud always had a genuine love for Hebrew and Yiddish. Whenever any of his works were translated into either of those languages he refused to accept royalties. As a national Jew [his own description of himself] he was sympathetic toward Zionism from the very first days of this movement when Herzl was still alive'*. Diese Aussage wird auf keinerlei Weise durch andere Quellen belegt und bleibt somit unsicher.

88 *'Our lodge is founded on a national basis and strives mainly toward ethical goals. My attitude to morality has not always been clearly understood among us. I believe that the search for its source and the exposure of its motives do not detract from the dignity or the value of hu-*

Er meint damit, dass er diese jüdischen Bundes-Brüder nicht im Stich lässt, auch wenn er sagt, dass seine Suche nach der dahinter liegenden Wahrheit – wobei er an die jüdischen Normen und Gesetze dachte – nicht als Beeinträchtigung aufgefasst werden kann. In einem anderen Brief Freuds an B'nai B'rith behauptet er, sein Judentum niemals aufgegeben zu haben. Dennoch will er in dem Konflikt über die Lösung der jüdischen Frage unparteiisch bleiben. Das geht aus einem Brief aus dem Jahr 1931 an den Wiener Oberrabbiner David Feuchtwang anlässlich der Glückwünsche zu seinem 75. Geburtstag hervor.

„Irgendwo in meiner Seele, aber nicht in einem ganz versteckten Winkel, bin ich ein fanatischer Jude, sehr erstaunt, mich so zu finden trotz aller Bemühungen zur Vorurteilslosigkeit und Unparteilichkeit".[89] Damit spricht er das Problem an, Jude zu sein und gleichzeitig seinem jüdischen Hintergrund vorurteilsfrei zu begegnen. Freud wollte allem unvoreingenommen gegenüberzustehen, ist jedoch erschrocken angesichts der eigenen Ambivalenz, wenn es um Israel geht. Damit steht er nicht allein.

Der Psychoanalytiker André Green sagt etwas Ähnliches, wenn er meint, das wahre Problem jüdischer Menschen, die nicht religiös sind, bestehe darin, dass sie ihr Jüdischsein bis zu dem Tag vergessen, an dem die Juden

---

man ethics. Even if it emerges that morality is merely a reaction to certain characteristics of human nature, the very ability to react thus has become part of the human constitution. Sigm. Freud' (Facsimile on p. XI. One of the many handwritten letters addressed to her late husband donated by Mrs. B. Thieberger to the JNUL.)

89 Zitiert in: J. Keith Davies, Gerhard Fichtner, Hrsg.: *Freud's Library A Comprehensive Catalogue.* The Freud Museum. London, Edition Discord – Tübingen 2006, S. 45.

wie und wo auch immer bedroht oder verfolgt werden, aber auf der anderen Seite sind wir mit der Politik Israels keineswegs einverstanden.'[90]

Und der französische Philosoph Raymond Aron schrieb: *„Ich bin zu keiner Zeit ein Zionist gewesen, an allererster Stelle, weil ich mich selbst nie als jüdisch empfinde […] Ich fühle mich weniger weit entfernt von einem noch so antisemitischen Franzosen als von einem Juden aus Südmarokko, der keine andere Sprache außer Arabisch spricht. Dieses Gefühl geht aus etwas hervor, das auf mich mittelalterlich wirkt oder besser gesagt aus der undurchdringlichen Finsternis einer völlig fremden Kultur" […]" kommt… Die französischen Juden sind zum größten Teil jüdische Franzosen. In ruhigeren Zeiten vertiefen sie sich nicht in ihr Judentum, dessen sie sich nicht einmal bewusst sind …" „… die Möglichkeit einer Vernichtung Israels verletzt mich zutiefst in meiner Seele. In diesem Sinne habe ich also* **gebeichtet** *[Hervorhebung vom Autor] dass ein Jude niemals vollkommen objektiv sein kann, wenn es um Israel geht …"* Er sagt dies anlässlich einer Äußerung von De Gaulle zum Sechstagekrieg zwischen Israelis und Arabern 1967.[91]

Es ist bemerkenswert, dass Freud trotz des Restfanatismus seines Judentums nicht den Weg zum Bund,

---

90 André Green zum Problem des Jüdischseins: '*…this is really the problem of Jewish people who are not religious: they forget that they are Jewish till the day that the Jews are threatened, persecuted, or anything of the kind anywhere, and yet, on the other hand , we do not agree at all with politics of Israel.*' In: *The Dead Mother, the Work of André Green*, the New Library of Psychoanalysis, S. 17

91 Aron, Raymond: *De Gaulle, Israel et les juifs*, Paris 1968. Zitiert von R. Kousbroek, in Anathema's I, S. 101

und damit den der Beschneidung seiner Söhne, gegangen ist. In keiner der bekannten Biografien ist von der Beschneidung der Söhne Freuds die Rede. 1994 schreibt Sander L. Gilman[92] allerdings, dass Freud seine Söhne nicht beschneiden ließ.

Adriaan de Klerk[93] und unabhängig davon Franz Maciejewski[94], erhielten auf ihre Anfrage bei der Jüdischen Gemeinde in Wien die Antwort, dass die Söhne Freuds nicht in dem Beschneidungsbuch registriert sind und *somit* nicht beschnitten waren. Hans Reijzer, die dies in Zweifel zog, stellte von daher nochmals die Frage – wie er das machte, entzieht sich unserer Kenntnis – und erhielt daraufhin die Antwort, dass der *Mohel* (der die Beschneidung vornimmt) ein eigenes Beschneidungsbuch geführt haben konnte, die Söhne Freuds also durchaus beschnitten

92 Gilman, S.L.: Freud, Identität und Geschlecht. Frankfurt/M 1994

93 Klerk, A. de (2003a). *Het trauma van Freuds besnijdenis*. Tijdschrift voor Psychoanalyse, 9 (3), 136–152. A de Klerk befasst sich mit der wichtigen theoretischen Frage, ob Freuds Gedanken zum Kastrationskomplex nicht nur auf die Phylogenie, also auf die tatsächlich begangene Kastration durch den Urvater in der Urzeit zurückgeführt werden können, sondern (auch) auf die Ontogenie: (die ohne Betäubung vorgenommene) Beschneidung jedes jüdischen oder islamischen Jungen. Dies war das erste Mal, dass ein niederländischer Analytiker dies anzusprechen wagte. Nach seinem Vortrag vor der Deutschen Psychoanalytischen Vereinigung 2003, hat sich ein jüdischer deutscher Kollege in den Niederlanden erkundigt, ob de Klerk als Antisemit bekannt ist. Quod non. (Persönliche Mitteilung von de Klerk per E-Mail vom 9. April 2008 an den Autor). Klerk, A. de (2003b). *Repliek*. Tijdschrift voor Psychoanalyse, 9 (4), 251–255. Klerk, A. de (2004). *Kastrationsangst und die Beschneidung Neugeborener.* Psyche-Z Psychoanal 58, 2004, 464–470.

94 Maciejewski, F. (2002). *Psychoanalytisches Archiv und jüdisches Gedächtnis. Freud, Beschneidung und Monotheismus.'* Wien: Passagen Verlag

gewesen sein können[95]. Dieses Argument wird von Gilman, De Klerk und Maciejewski für weniger wahrscheinlich angesehen als die früher erhaltenen Antworten der Jüdischen Gemeinde Wiens. Freud hatte sogar darüber nachgedankt, zu konvertieren, weil er eine jüdische Hochzeitsfeier ablehnte; er untersagte das Feiern der jüdischen Festtage in seiner Familie und dann soll er der Beschneidung seiner Söhne zugestimmt haben?

1866 hatten 66 Ärzte, die meisten jüdischer Herkunft, ein Memorandum an den Rat der Stadt Wien geschickt, in dem sie sich gegen eine Fortsetzung der Beschneidungspraxis aussprachen[96]. In Deutschland vor der Zeit Hitlers kam es durchaus vor, dass jüdische Jungen nicht beschnitten wurden.[97]

Teil VII. Freuds Haltung gegenüber Herzls Lösung der jüdischen Frage

Das Ideal Theodor Herzls eines eigenen Staates für alle Juden stand im Widerspruch zur Aufgabe des Auserwähltheitsanspruches des jüdischen Volkes und beinhaltete eine Ablehnung der Integration und Assimilation der Juden, bedeutete es doch, dass sich alle Juden in einem neuen Heimatland zusammenfinden sollten.

95 Reijzer. H. (2003, S. 247) *Reactie op Eddy de Klerk, Het trauma van Freuds besnijdenis.* Tijdschrift voor Psychoanalyse, 9 (4), 246–249). 2003

96 M. van Veen-Viëtor: *Het verbondsteken.* Delft, 2000. S. 84

97 Persönliche Mitteilung von Hajo Meyer, April 2011

Freud hatte 1896 der Aufführung von Herzls Theaterstück *Das neue Ghetto* beigewohnt (und sogar davon geträumt)[98]. Was eine Lösung der jüdischen Frage in Gestalt der Gründung eines jüdischen Staates suggerierte, war für Freud jedoch offensichtlich keine grundlegende Lösung des Problems des Antisemitismus in Europa. Freud hatte selbst unter dem antisemitischen Bürgermeister von Wien, Lueger, gelitten, aber er war nicht für einen Rückzug des jüdischen Volkes auf sich selbst in einem eigens geschaffenen jüdischen Staat, ob der nun in Uganda oder Palästina liegen sollte.

Freud wollte sich zu zwei Seiten verteidigen, einerseits gegen die Antisemiten und andererseits gegen seine Volksgenossen, die ihn als einen Verräter an der jüdischen Sache behandeln würden.

Er wollte die Problematik des jüdischen Volkes erforschen, und zwar aus Sicht eines *nicht gläubigen*, nicht etwa aus der eines *abtrünnigen Juden*. Er wollte dem Ursprung der „jüdischen Frage" nachgehen und herausfinden, worin sie im Kern bestand. Ihm war wichtig, über die häufig benutzte Antwort hinauszukommen, dass es am Antisemitismus liege, der in der Öffentlichkeit herrsche. Es interessierte ihn weniger, was einen Antisemiten bewog – dafür hatte er ein gewisses Verständnis – als was die Juden dazu brachte, sich Jahrhunderte lang so verhasst zu machen.[99]

98 *Traumdeutung VI*, Werken 2, p. 423

99 Er nennt allerdings die *Eifersucht* auf das von Gott auserwählte Volk. Hajo G. Meyer meint, dass es mehrere Faktoren gibt, warum sich die Juden verhasst machen: die selbst gewählte Isolation im Ghetto (um innerhalb des Laufabstands zur Synagoge zu bleiben, die strengen Speiseregeln, die es schwer machten, Einladungen nichtjüdischer

Wie schon gesagt war der Gedanke, dass sich die Juden durch ihre Ausnahmestellung verhasst machten, schon 1920 von Theodor Reik[100] auf dem Psychoanalytischen Kongress in Den Haag geäußert worden. Freud hat dies nicht zitiert (wie er seine Schüler des Öfteren nicht zitierte, siehe auch den Fall Karl Abraham). Vieles in dem Buch Reiks, das 1925 mit einem Vorwort Freuds erschien, muss ihn im Rahmen seiner Vorarbeiten für *Der Mann Moses und die monotheistische Religion* interessiert haben, aber er verweist nicht darauf.

Die Entschädigungsansprüche, von denen Reik spricht, werden von Freud offenkundig nicht gebilligt. Als ihm zu Ohren kommt, dass sein Sohn Ernst sich als Ersatz für den Verlust eines Fischerhäuschens auf Hiddensee ein kleines Sommerhaus an der englischen Küste gekauft hat, äußert er sich in einem Brief an dieser aus dem Jahr 1938 sogar wie folgt: *„Es ist echt jüdisch, auf nichts zu verzichten und sich für Verlorenes Ersatz zu schaffen"*.

In einem Brief Freuds an Ehrenwald vom 14. Dezember 1937 heißt es: *„Ich habe vor einigen Jahren begonnen, mir die Frage vorzulegen, wie der Jude den ihm eigentümlichen Charakter erworben hat und habe nach meiner Gewohnheit bei den ersten Ursprüngen eingesetzt. Ich bin nicht weit gekommen. Ich war überrascht zu finden, dass schon das erste, sozusagen embryonale Erlebnis des Volkes, der Einfluss des Mannes Moses und der Auszug aus Ägypten, die ganze weitere Entwicklung bis auf den heutigen Tag festge-*

Nachbarn anzunehmen). Persönliche Mitteilung vom Oktober 2011.

100 Reik, T.: *Der eigene und der fremde Gott. Zur Psychoanalyse der religiösen Entwicklung*, 1923. Siehe Fußnote 69

legt hat wie ein richtiges frühkindliches Trauma in der Geschichte des neurotischen Individuums.“[101] Es scheint, als käme Freud hier der Beschneidung der Söhne nahe, ohne dies jedoch so zu benennen.

Freud wandte sich gegen die Religion im Allgemeinen und hatte diese Ablehnung 1927 in *Die Zukunft einer Illusion* entsprechend zum Ausdruck gebracht. In einem Brief an seinen Freund Arnold Zweig schreibt Freud 1929, dass er wahrscheinlich nichts mehr veröffentlichen werde, es sei denn, man bitte ihn darum.[102] Tatsächlich hatte Freud zu diesem Zeitpunkt schon *Das Unbehagen in der Kultur* geschrieben.

Als Arnold Zweig jedoch 1932 nach Palästina reist, um zu schauen, ob er sich dort niederlassen kann, reagiert Freud darauf mit einer Warnung:

„[…] wie merkwürdig muss dieses tragisch-tolle Land, das Sie besucht haben, Ihnen geworden sein. Denken Sie, kein anderer Fortschritt verknüpft sich mit diesem Streifen unserer Muttererde, keine Entdeckung oder Erfindung – die Phönizier sollen das Glas und das Alphabet (beides zweifelhaft) gefunden haben, die

---

101 *„Ich habe vor einigen Jahren begonnen, mir die Frage vorzulegen, wie die Jude den ihm eigentümlichen Charakter erworben hat und habe nacn meiner Gewohnheit bei den ersten Ursprungen eingesetzt. Ich bin nicht weit gekommen. Ich war überrascht, zu finden, dasz schon das erste, sozusagen embrionale Erlebnis des Volkes, der Einflusz des Mannes Moses und der Auszug aus Ägypten , die ganze weitere Entwicklung bis auf den heutigen Tag festgelegt hat wie ein richtiges frühkindliches Trauma in der Geschichte des neurotischen Individuums.“*

102 Freud, Ernst, ed.: *Sigmund Freud Arnold Zweig. Briefwechsel.* Fischer 1968. p.14

Insel Kreta hat die minoische Kunst geschaffen, an Pergamon erinnert das Pergament, an Magnesia der Magnet und so weiter, aber Palästina hat nichts anderes hervorgebracht als Religionen, heiligen Wahnwitz, vermessene Versuche, die äußerliche Scheinwelt durch die innerliche Wunschwelt zu bewältigen." – Brief vom 8. Mai 1932[103]

Zweig sendet Freud am 30. Dezember 1932 seine Glückwünsche für ein „gutes 1933". Aber am 20. Januar 1933 kam Hitler an die Macht und der hielt als überzeugter Antisemit rein gar nichts von der Lösung Herzls. Hitler war anfangs auch für die Deportation aller Juden nach Madagaskar, wo sie in einem von der SS kontrollierten Polizeistaat leben sollten. Und wenn das nicht gelingen sollte, schlug er vor, die Juden ans Polarmeer zu deportieren, sobald die Sowjetunion erobert wäre. Die Emigration der Juden nach Palästina war Herzl schon früher in den Sinn gekommen. Anfangs gab es eine Zusammenarbeit zwischen Nazis und Zionisten, dokumentiert im Ha'avara Abkommen, das die Auswanderung von 60.000 Juden nach Palästina vorsah, wobei ihnen in einem komplizierten Prozedere erlaubt werden sollte, ihr Geld zu behalten.[104]. Erst später, nach dem Überfall auf Polen und der Niederlage bei

103 Freud, Ernst, ed.: *Sigmund Freud Arnold Zweig. Briefwechsel.* Fischer 1968, p. 51

104 Persönliche Mitteilung von H.G. Meyer (Mai 2011), der mich auf das Ha'avara Abkommen zwischen den Zionisten und der deutschen Regierung hinwies. Siehe auch: Meyer H.G. *Tragisches Schicksal: Das deutsche Judentum und die Wirkung historischer Kräfte.* Frank & Timme, 2008

Leningrad beschloss Hitler, alle Juden innerhalb des Großdeutschen Reiches und der angrenzenden Länder zu *vernichten* – das betraf Frankreich und die europäischen Länder von Nord bis Süd. Eine Emigration war also nicht mehr gestattet, die Grenzen Deutschlands waren für fluchtwillige Juden geschlossen. (*Warum* Hitler einen derart alles vernichtenden Hass gegen die Juden hatte, ist meines Wissens noch nicht geklärt – aber das kann in diesem Rahmen nicht weiter untersucht werden.[105])

Im Dezember 1933 schreibt Zweig an Bord des Schiffes, das ihn nach Palästina bringt, an Freud, dass man sich im kommenden Jahr wieder sehen wird.

Ab dieser Zeit vertiefte sich Freud wieder in diese Frage, und zwar in *Der Mann Moses und die monotheistische Religion*. Er schreibt darüber 1934 an Arnold Zweig, der sich zu dieser Zeit tatsächlich in Palästina niedergelassen hatte. 1935 erklärt Freud in einem bewegten Brief zu *Der Mann Moses und die monotheistische Religion* seiner treuen Schülerin Lou Andreas-Salomé, dass es aus der Frage entstanden sei, was der besondere Charakter der Juden hervorgebracht habe und dass er zu dem Schluss gekommen sei, dass der Jude von dem Mann Moses geschaffen wurde. Dann berichtet er ihr von seinen Überlegungen zur Geschichte Moses und schließt mit den Worten, es reiche

105 Möglicherweise ist in seiner Kindheit eine bestimmte Frustration aufgetreten, die Hitler auf die Juden abwälzen konnte. Ein zu Schulzeiten in Linz aufgenommenes Foto zeigt ihn zusammen mit dem jungen Ludwig Wittgenstein. In Mein Kampf erwähnt Hitler „einen jüdischen Jungen“, gegen den er etwas hatte. Cornish, Kimberley: *Der Jude aus Linz. Hitler und Wittgenstein*. Ullstein, Berlin 2002

ihm aus, wenn er selbst an die Lösung des Problems glauben könne, das ihn sein ganzes Leben verfolgt habe.[106]

Freud wollte als Jude über die jüdische Frage nachdenken, er distanzierte sich von den Juden, die sich als Eintrittskarte für die deutsche Staatsbürgerschaft hatten taufen lassen. Dazu zählten für ihn wichtige Persönlichkeiten:

Karl Ludwig Börne, der bevorzugte Schriftsteller des 14-jährigen Freud. In seinem Aufsatz mit dem Titel *Die Kunst, in drei Tagen ein Originalschriftsteller zu werden* fand Freud den Stimulus bei seiner Selbstanalyse seine Würde zu bewahren.[107]

Heinrich Heine, der von Freud bewunderte Dichter. Börne und Heine schrieben beide von Paris aus über die sozialpolitischen Entwicklungen in Deutschland, beide hatten ihr Judentum aufgegeben, um deutsche Bürger zu werden (in Frankreich war das nicht nötig, weil alle Juden nach der Französischen Revolution, die von der *Déclaration des Droits de l'Homme et du Citoyen*[108] ausging, zu „citoyens" geworden waren.

Ferner sind zu nennen: der Großvater des Philosophen Ludwig Wittgenstein, der Wiener Herausgeber der *Fackel* Karl Kraus, der Komponist Gustav Mahler, der Sprachge-

106 Siehe: *Sigmund Freud and Lou Andreas-Salomé. Letters*. Ernst Pfeiffer. Londen, Hogarth Press, 1972, pp. 204–205

107 Ludwig Börne (1786–1837), aufgewachsen im jüdischen Ghetto der freien Stadt Frankfurt, gab nach vielen Umwegen die Zeitschrift *Die Waage* heraus, in der er die politischen und künstlerischen Entwicklungen in Deutschland und Frankreich kommentierte. Er lebte in Paris, war ein Europäer *avant la lettre*, verstand sich als (französischer) citoyen, und ließ sich christlich taufen, als die Stadt Frankfurt den Juden die Bürgerrechte verweigerte.

108 Dass die Dreyfus-Affäre zeigte, dass nicht jeder Franzose dem zustimmte, tut in diesem Zusammenhang nichts zur Sache.

lehrte Victor Klemperer und aus Freuds eigenem Kreis: Alfred Adler, Victor Tausk sowie der Vater seines Freundes Ernst Kris. Selbst in seiner engen Verwandtschaft gab Michael Bernays, ein Onkel seiner Frau Martha, seinen jüdischen Glauben auf, um eine Professur antreten zu können[109].

Freud hatte Martha schon in der Verlobungszeit klar gemacht, dass der jüdische Glaube in ihrer Ehe keine Rolle spielen würde. Seine Schwiegereltern waren nicht glücklich darüber, dass ihre Tochter einen Heiden heiraten würde, erfahren wir bei Jones. Freud lehnte auch eine jüdische Trauung ab und hatte erwogen, einen anderen Glauben anzunehmen, als sich herausstellte, dass eine deutsche bürgerliche Eheschließung – Martha lebte in Hamburg – in Österreich nicht anerkannt wurde, so dass doch eine jüdische Feier nötig war.

Wir dürfen daraus schließen, dass Freud auf irgendeine Weise Jude bleiben wollte, nicht bereit war, seine jüdische Herkunft aufzugeben, den religiösen Aspekt, den Glauben an einen Gott und die religiösen Rituale jedoch verwarf. Und er war bereit, die entsprechenden Konsequenzen, auch die politischen, zu akzeptieren. In seiner Vorrede zu der hebräischen Übersetzung von *Totem und Tabu* spricht Freud vom *neuen Judentum.*

Ein Beispiel, wie Freud sich *als Jude* dagegen verwahrte, aus Palästina einen jüdischen Nationalstaat zu mache, ist seine Antwort an Dr. Chaim Koffler, den Wiener Repräsentanten von *Keren Ha-Jesod*, des Fonds, der palästinensi-

---

109 Jones, Ernest: *The life and work of Sigmund Freud I.*,S. 101. Basic Books 1957

sches Land aufkaufte, um die Auswanderung von Juden nach Palästina voranzutreiben. Als dieser ihn, ein Jahr nach dem Pogrom in Hebron, bat, die Schirmherrschaft über dieses Projekt zu übernehmen, antwortete Freud, er glaube nicht, dass Palästina jemals ein jüdischer Staat werden könne, auch wenn er durchaus mit den Zielen des Zionismus sympathisiere.[110]

Brief an Herrn Haim Koffler, Keren Ha-Jesod

Wien IX, Berggasse 19

Sehr geehrter Herr Doktor,
Ich kann nicht tun, was Sie wünschen. Meine Abneigung, die Öffentlichkeit mit meiner Persönlichkeit zu beschäftigen ist nicht zu überwinden und der gegenwärtige kritische Anlass scheint mir nicht einmal geeignet dazu. Wer eine Menge beeinflussen will, muss ihr etwas Volltönendes, Enthusiastisches zu sagen haben und das gestattet meine nüchterne Beurteilung des Zionismus nicht. Ich habe gewiss die besten Sympathien für freie Bestrebungen, bin stolz auf unsere Universität in Jerusalem und freue mich

110 Diesen Brief habe ich 2000 in Faksimile auf S. 11 der *Schwadron Collection of autographs of the Jerusalem National University Library* gefunden. Den an diesem Thema interessierten Analytikern war dieses Schreiben jedoch nicht bekannt. Vor einiger Zeit fragte eine französische Psychoanalytikerin Dr. Roudinesco, ob sie diesen Brief veröffentlichen dürfe oder ob er geheim bleiben solle. Das betreffende Schreiben war (von Koffler?) an den Sammler Schwadron verkauft worden, und zwar unter der Bedingung, den Inhalt niemandem mitzuteilen. Dr. Roudinesco antwortete, dass alles, was in Archiven erhalten geblieben sei, öffentlich sein müsse.

des Gedeihens unserer Siedlungen. Aber andererseits glaube ich nicht, dass Palästina jemals ein jüdischer Staat werden kann und dass die christliche wie die islamitische Welt je bereit sein werden, ihre Heiligtümer jüdischer Obhut zu überlassen. Mir wäre es verständiger erschienen, ein jüdisches Vaterland auf einem historisch unbelasteten Boden zu gründen; ich weiß zwar, dass man für eine so rationelle Absicht nie die Begeisterung der Massen und die Mittat der Reichen gewonnen hätte. Auch gebe ich mit Bedauern zu, dass der wirklichkeitsfremde Fanatismus unserer Volksgenossen sein Stück Schuld trägt an der Erweckung des Misstrauens der Araber. Gar keine Sympathie kann ich für die miss(!)gedeutete Pietät aufbringen, die aus einem Stück der Mauer von Herodes eine nationale Reliquie macht und ihretwegen die Gefühle der Einheimischen herausfordert.

Urteilen Sie selbst, ob ich bei so kritischer Einstellung die richtige Person bin, als Tröster des in einer unberechtigten Hoffnung erschütterten Volkes aufzutreten.

In vorzüglicher Hochachtung,

Ihr ergebener Freud

Teil VIII. *Moses und die monotheistische Religion und die Lösung der jüdischen Frage*

Erst gegen Ende seines Lebens hat Freud der Vermutung Raum gegeben, das Judentum und die Beschneidung als eine Last zu empfinden. Er äußert sich in diesem Sinne in seinem Buch *Der Mann Moses und die monotheistische Religion* wie auch in einer Fußnote, in der Herodot von der Beschneidung bei den Ägyptern spricht. Zudem verweist er auf ein heikles Gedicht von Heinrich Heine und fragt sich, wer den jüdischen Dichter Heine im neunzehnten Jahrhundert auf den Gedanken gebracht habe, seine Religion als „*die aus dem Niltal mitgeschleppte Plage, der altägyptisch ungesunde Glauben*" zu beklagen. Der gottlose Freud war natürlich der Ansicht, der Dichter Heine sei selbst auf diese Idee gekommen. Dabei belässt es Freud in seinem 1939 verfassten Text[111] wahrscheinlich weil er es selbst für die Juden als sehr kränkend empfand – was es auch ist. Das Gedicht trägt den Titel: Das neue israelische Hospital in Hamburg. Zeitgedichte XI.[112].

---

111 *Der Mann Moses und die Monotheistische Religion.* Allert de Lange, Amsterdam, 1939. p. 53

112 *Ein Hospital für arme, kranke Juden*
Für Menschenkinder, welche dreifach elend,
Behaftet mit den bösen drei Gebresten
Mit Armut, Körperschmerz und Judentum!

Das Schlimmste von den dreien ist das letzte,
das tausendjährige Familienübel,
Die aus dem Niltal mitgeschleppte Plage,
Der altägyptisch ungesunde Glauben.

Unheilbar tiefes Leid! Dagegen helfen
Nicht Dampfbad, Dusche, nicht die Apparate

Freud hat die Beschneidung gemeint, aber er zitiert Heines Worte vom *„unheilbar tiefen Leid des altägyptischen Glaubens"*.

Nach drei Strophen, die das Leiden an der Beschneidung beschreiben, fragt Heine sich in der vierten Strophe, ob die Weitergabe des Auftrags Jahwes, an den Freud – wie viele andere Juden – nicht mehr glaubt, von uns durchbrochen werden?[113]

Freud verweist hier wahrscheinlich auf die Schlussfolgerung seines Buches *Der Mann Moses und die monotheistische Religion*, die schon an anderer Stelle genannt wurde:

„Warum es für die Juden unmöglich gewesen ist, den Fortschritt mitzumachen, den das Bekenntnis zum Gottesmord bei aller Entstellung enthielt, wäre Gegenstand einer besonderen Untersuchung. Sie haben damit gewissermaßen eine tragische Schuld auf sich geladen; man hat sie schwer dafür büßen lassen".

Der Chirurgie, noch all die Arzeneien,
Die dieses Haus den siechen Gästen bietet.

Wird einst die Zeit, die ew'ge Göttin tilgen
Das dunkle Weh, das sich vererbt vom Vater
Herunter auf den Sohn – wird einst der Enkel
Genesen und vernünftig sein und glücklich?

Ich weiß es nicht! […]

Heinrich Heine

113 In seinem Buch *Het gevaar van de Joodse erfenis* zitiert H. Reijzer die ersten drei Strophen dieses Gedichts, die vierte Strophe und die Antwort von Heine: „Ich weiß es nicht" lässt er jedoch weg. Während es Freud wahrscheinlich gerade um diese Antwort ging.

Die folgende Hypothese lässt sich meiner Meinung nach gut verteidigen. Freud hat *Der Mann Moses und die monotheistische Religion* (in erster Linie) für die jüdische Bruderschaft B'nai B'rith, die Söhne des Bundes, verfasst und er nahm sich Zeit, um die Lösung zu verdeutlichen. Er tat dies, weil er seine Brüder und Schwestern in die Lage versetzen wollte, sich in ihrem Denken über die Seele und das Leben des Menschen weiterzuentwickeln, *„zu lernen"*. Für *Totem und Tabu* schrieb er ein Vorwort, das im Grunde gut zu *Der Mann Moses und die monotheistische Religion* passt. Aber er verfasste auch Vorreden für die hebräische Übersetzung seiner *Vorlesungen zur Einführung in die Psychoanalyse*: *„Dem hebräischen Lesepublikum und insbesondere der wissbegierigen Jugend wird mit diesem Buch die Psychoanalyse vorgestellt, und zwar im Gewand der uralten Sprache, die durch den Willen des jüdischen Volkes zu neuem Leben erweckt wurde […] Er muss kein Geheimnis machen aus seinen Zweifeln, ob* ***Moses und die Propheten*** *(Hervorhebung durch den Autor) diese hebräischen Vorlesungen verständlich gefunden hätten. Aber ihre Nachkommen – zu denen sich der Autor selbst zählt – […] bittet er, nach den ersten Anwandlungen von Kritik und Missfallen nicht zu schnell ablehnend zu reagieren. Die Psychoanalyse bringt so vieles Neue, darunter auch so vieles, das traditionellen Auffassungen widerspricht und tief verwurzelte Gefühle verletzt, dass dies anfänglich durchaus Protest auslösen muss."*[114]

114 Freud, Sigmund: *Gesammelte Werke*. St Ed. volume XV, S. 11, 12.

Freud hatte selbst eine psychoanalytische Bruderschaft gegründet, seine Anhänger nannte er seine Söhne, auch wenn diese nicht jüdisch waren: Jung, Bleuler, van Emden, van Ophuijsen, Jones, Lou Salomé und andere. Auch für diesen Bund der Söhne schreibt er dieses Buch. Isidor Sadger nahm es Freud übel, dass er seine christlichen Anhänger den jüdischen vorzog (siehe Fußnote 50).

Was aber *war seine Botschaft* an die Nichtjuden, Antisemiten oder nicht?

1938 veröffentlichte Freud in einer in Paris erscheinenden deutschen Emigrantenzeitschrift, die unter Arthur Koestler erschien, einen auffallenden Artikel zum Antisemitismus[115]:

---

115 Freud, S.: *A Comment on Anti-Semitism:*
'In the course of examining the remarks in the press and in literature provoked by the recent persecutions of the Jews, I came upon one essay which struck me as so unusual that I made a précis of it for my own use. What its author wrote was approximately as follows:
"By way of preface I must explain that I am not a Jew and therefore I am not driven into making these observations by any egoistic concern. Yet I have felt a lively interest in the anti-semitic excesses of to-day and have directed my particular attention to the protests against them. These protests come from two directions—ecclesiastical and secular—the former in the name of religion, the latter appealing to the claims of humanity. The former were scanty and came late; but they did come in the end, and even His Holiness the Pope raised his voice. I confess that there was something I missed in the demonstrations coming from both sides—something at their beginning and something else at their end. I will try now to supply it.
All these protests, I think, might be preceded by a particular introduction, which would run: "Well, it's true, I don't like Jews either. In some sort of way they seem strange to me and antipathetic. They have many disagreeable qualities and great defects. I think, too, that the influence they have had on us and our affairs has been predominantly detrimental. Their race, compared with our own, is obviously an inferior one; all their activities argue in favour of that." And after this what these protests do in fact contain could follow without any discrepancy: "But we profess a religion of love. We ought to love even our enemies as ourselves. We know that the Son of God gave His life on

earth to redeem all men from the burden of sin. He is our model, and it is therefore sinning against His intention and against the command of the Christian religion if we consent to Jews being insulted, ill-treated, robbed and plunged into misery. We ought to protest against this, irrespectively of how much or how little the Jews deserve such treatment." The secular writers who believe in the gospel of humanity, protest in similar terms.
I confess that I have not been satisfied by any of these demonstrations. Apart from the religion of love and humanity there is also a religion of truth, and it has come off badly in these protests. But the truth is that for long centuries we have treated the Jewish people unjustly and that we are continuing to do so by judging them unjustly. Any one of us who does not start by admitting our guilt has not done his duty in this. The Jews are not worse than we are; they have somewhat other characteristics and somewhat other faults, but on the whole we have no right to look down on them. In some respects, indeed, they are our superiors. They do not need so much alcohol as we do in order to make life tolerable; crimes of brutality, murder, robbery and sexual violence are great rarities among them; they have always set a high value on intellectual achievement and interests; their family life is more intimate; they take better care of the poor; charity is a sacred duty to them. Nor can we call them in any sense inferior. Since we have allowed them to co-operate in our cultural tasks, they have acquired merit by valuable contributions in all the spheres of science, art and technology, and they have richly repaid our tolerance. So let us cease at last to hand them out favours when they have a claim to justice."
It was natural that such determined partisanship from someone who was not a Jew should have made a deep impression on me. But now I have a remarkable confession to make. I am a very old man and my memory is no more what it was. I can no longer recall where I read the essay of which I made the précis nor who it was who was its author. Perhaps one of the readers of this periodical will be able to come to my help?
A whisper has just reached my cars that what I probably had in mind was Count Heinrich Coudenhove-Kalergi's book Das Wesen des Antisemitismus [The Essence of Anti-Semitism], which contains precisely what the author I am in search of missed in the recent protests, and more besides. I know that book. It appeared first in 1901 and was re-issued by his son [Count Richard Coudenhove-Kalergi] in 1929 with an admirable introduction. But it cannot be that. What I am thinking of is a shorter pronouncement and one of very recent date. Or am I altogether at fault? Does nothing of the kind exist? And has the work of the two Coudenhoves had no influence on our contemporaries?
Sigm. Freud'

Anlass gegeben haben, fiel mir ein Aufsatz in die Hand, der mir so außergewöhnlich schien, dass ich ihn zu meinem Gebrauch exzerpierte. Der Verfasser sagt darin ungefähr folgendes:

‚Ich stelle voran, dass ich Nichtjude bin, es ist also nicht egoistische Beteiligung, die mich zu meinen Äußerungen drängt. Doch habe ich mich für die antisemitischen Ausbrüche unserer Zeit lebhaft interessiert und besonders den Protesten gegen sie meine Aufmerksamkeit geschenkt. Diese Proteste kamen von zwei Seiten, von kirchlicher und von weltlicher, die einen im Namen der Religion, die anderen mit Berufung auf die Forderungen der Humanität, die ersteren waren spärlich und kamen spät, aber sie sind endlich doch gekommen, selbst seine Heiligkeit der Papst hat seine Stimme erhoben. Ich gestehe, dass ich in den Kundgebungen von beiden Seiten etwas vermisst habe, etwas an deren Anfang und etwas zu ihrem Schluss. Ich will jetzt versuchen, etwas hinzuzufügen'.

Ich meine, man könnte all diesen Protesten eine bestimmte Einleitung voranschicken, und die würde lauten:

‚Ja, es ist wahr, auch ich mag die Juden nicht. Sie sind mir irgendwie fremdartig und antipathisch. Sie haben viele unangenehme Eigenschaften und große Defekte. Ich glaube auch, dass der Einfluss, den sie

auf uns und auf unsere Angelegenheiten nahmen, ein vorwiegend schädlicher ist. Ihre Rasse ist, mit unserer eigenen verglichen, offenbar eine minderwertige, alle ihre Betätigungen sprechen dafür.'

Und nun könnte widerspruchsfrei folgen, was in diesen Protesten wirklich steht. Aber wir bekennen uns zu einer Religion der Liebe. Wir sollen selbst unsere Feinde lieben wie uns selbst. Wir wissen, dass Gottes Sohn sein irdisches Leben dahingegeben hat, um alle Menschen von der Last der Sünde zu erlösen. Er ist unser Vorbild und darum heißt es, sündigen gegen seine Absicht und gegen das Gebot der christlichen Religion, wenn wir zustimmen, dass die Juden verhöhnt, misshandelt , beraubt und ins Elend vertrieben werden. Wir müssten dagegen protestieren, ganz abgesehen davon, wie sehr oder wie wenig die Juden solche Behandlung verdienen. Ähnlich äußern sich die Weltlichen, die an das Evangelium der Humanität glauben."

Ich gestehe, dass mich all diese Kundgebungen nicht befriedigt haben. Außer der Religion der Liebe und der Humanität gibt es auch eine **Religion der Wahrheit** *(Hervorhebung durch den Autor) und die ist in diesen Protesten zu kurz gekommen, die Wahrheit aber ist, dass wir das Volk der Juden durch lange Jahrhunderte ungerecht behandelt haben, und dass wir darin fortfahren, indem wir sie ungerecht beurteilen. Wer von uns nicht damit beginnt, unsere*

Schuld zu bekennen, der hat seine Pflicht nicht getan in dieser Sache. Die Juden sind nicht schlechter als wir, sie haben etwas andere Eigenschaften und andere Fehler, aber im Ganzen haben wir kein Recht, auf sie herabzusehen. Sie sind uns sogar in manchen Hinsichten **überlegen.** *(Hervorhebung durch den Autor)Sie brauchen nicht so viel Alkohol wie wir, um das Leben erträglich zu finden, die Verbrechen der Brutalität, Mord, Raub und sexuelle Gewalttat sind große Seltenheiten bei ihnen, sie haben geistige Leistung und Interessen immer hoch eingeschätzt, ihr Familienleben ist inniger, sie sorgen besser für ihre Armen, Mildtätigkeit ist ihnen eine heilige Pflicht. Auch minderwertig darf man sie in keiner Weise nennen. Seitdem wir sie zur Mitarbeit an unseren kulturellen Aufgaben zulassen, haben sie sich durch wertvolle Beiträge in allen Gebieten der Wissenschaft, Kunst und Technik verdient gemacht, haben unsere Toleranz reichlich vergolten. Hören wir also endlich auf, ihnen Gnaden hinzuwerfen, wo sie auf Gerechtigkeit Anspruch haben.“*[116]

Eine so resolute Parteinahme von Seiten eines Nichtjuden, hat auf mich natürlich einen tiefen Eindruck gemacht. Aber nun habe ich etwas Merkwürdiges zu bekennen. Ich bin ein sehr alter Mann, mein Gedächtnis ist nicht mehr wie es früher war. Ich

116 Coudenhove-Kalergi, R.N.: *Judenhass von Heute. Wesen des Antisemitismus.* Paneuropa-Verlag Wien 1935. Dieses Buch stand in Freuds Bibliothek.

kann mich nicht mehr erinnern, wo ich den Aufsatz gelesen, den ich exzerpiert habe, und wer ihn als Verfasser gezeichnet hat. Vielleicht kann ein Leser dieser Zeitschrift mir zu Hilfe kommen.

Es wird mir eben zugeflüstert, ich hätte wahrscheinlich das Buch des Grafen Heinrich Coudenhove-Kalergi im Sinn, Das Wesen des Antisemitismus, in dem gerade das enthalten ist, was der von mir gesuchte Autor an den neuerlichen Protesten vermisst hat, und sogar noch mehr. Ich kenne dieses Buch, es ist 1901 erschienen und 1929 von seinem Sohn mit einer rühmlichen Einleitung neu veröffentlicht worden. Aber das kann es nicht sein, mir schwebt eine kürzere Äusserung vor und aus jüngster Zeit. Oder irre ich mich überhaupt, gibt es etwas dergleichen nicht und ist das Werk der beiden Coudenhove wirklich ohne Einfluss auf die Zeitgenossen geblieben."

Freud erwähnt hier nicht den Artikel *Concerning the Jews* des von ihm sehr bewunderten Mark Twain, der 1899[117] in Harpers' Magazine erschien – also zwei Jahre vor dem Buch von Coudenhove – und von Harpers & Brothers 1934 als Pamphlet herausgegeben wurde. Twain kritisiert hier das Verhalten jüdischer Händler, die die Ernte von Bauern im Süden der USA aufkauften. Wahrscheinlich hat

117 Twain, Mark: *Concerning the Jews*. In Harpers' New Monthly Magazine 1899: 527–535. Twain, Mark: *Concerning the Jews*. In Harpers & Brothers, London, New York, 1934

Freud beide Publikationen gelesen und es ging ihm um den Inhalt, der zwar den Juden gegenüber einen kritischen Ton anschlägt, aber letztlich für sie eine Lanze bricht. Als hätte Freud Verständnis für die beiden Gesichter der Juden und deren Anfeindung durch die Nichtjuden.

Im Grunde sagt Freud zu den Nichtjuden, einschließlich der Antisemiten: Habt ihr von all dem nichts begriffen? *Ihr habt die Weiterentwicklung zur Religion der Liebe, zum Christentum mit vollzogen, aber in diesem Punkt seid ihr eurer Pflicht, die dieser Fortschritt euch auferlegt, nicht nachgekommen.*

Wahrscheinlich hatte Freud den ersten Druck von 1901 vor Augen, zu der Zeit, als seine *Traumdeutung* erschien, sich dazu eine Notiz gemacht und diese nicht genauer datiert.

H. Coudenhove-Kalergi verwendet dieselben Worte wie Freud: *„vorurteilsfrei und voraussetzungslos die Wahrheit zu suchen"*. Freud bezeichnete sein Buch *Das Wesen des Antisemitismus* als eines der besten Werke zu diesem Thema. Die einleitenden Sätze von Coudenhove haben ihn also offensichtlich nicht schockiert: *„Ich gestehe, dass ich selbst theoretischer Antisemit war. In noch jüngeren Jahren war ich sogar praktischer Antisemit, und zwar aus vortrefflichen Gründen, da ich mit jüdischen Wucherern die denkbar unangenehmsten persönlichen Erfahrungen gemacht habe"*.

Der Hinweis Freuds, die Coudenhoves hätten ihn zu seinem Exzerpt veranlasst, ist auf jeden Fall wichtig, weil er bei diesen Coudenhoves die Hintergründe des Antisemitismus auf breiter Ebene findet. Coudenhove Sr. berichtet erstmalig *auf Deutsch* (statt auf Hebräisch, wo dieses

Thema schon seit längerem bekannt war) vom Königreich der Khasaren, das sich unter König Bulan im 9. Jahrhundert n. Chr. zum Judentum bekehrte. Shlomo Sand (siehe Fußnote 56) erwähnt den Brief des Arztes und Ratsmitglieds am Hof des Kalifen von Cordoba, Hasdai Ibn Shaprut, in dem dieser an den König von Khasarien Joseph, Sohn des Aaron, schrieb, Händler hätten ihm von einem immens großen jüdischen Reich hinter Konstantinopel berichtet. Er erhielt zur Antwort, dass Japhet mit der Hilfe Gottes andere Völker aus diesem Land vertrieben habe und der nachfolgende König Bulan sich zum Judentum bekehrt habe. Wahrscheinlich war so etwas in jener Zeit – und leider auch in späteren Zeiten – üblich.

Das Wichtigste ist, dass Freud möglicherweise schon früher, also seit 1901, der ethnisch-historische Hintergrund der jüdischen Bevölkerungsgruppe in Europa bekannt war, die nicht nur in der Provinz Judäa, sondern u. a. auch im Reich der Khasaren in der heutigen Ukraine, zwischen dem Schwarzen und dem Kaspischen Meer, zu Hause war. Dies wäre dann der dreizehnte Stamm, über den Arthur Koestler[118] schreibt. Er vermutete, dass die europäischen Ashkenasim von den zum Judentum bekehrten Khasaren abstammten. Die russischen Slawen aus Kiew, die sich zum orthodoxen Glauben bekehrt hatten, sollen das Khasarenreich erobert und die Bevölkerung gezwungen haben, sich zum orthodoxen Christentum zu bekehren oder Richtung Westen, nach Mitteleuropa, zu flüchten. Wir wissen nicht, ob dies zu verifizieren ist, aber

118 Koestler, Arthur: *The Thirteenth Tribe. The Khazar Empire and its Heritage*. Hutchinson of London 1976

es erweitert die möglichen Überlegungen Freuds im Rahmen seiner Beschäftigung mit dem Charakter des jüdischen Volkes.

Zusammenfassung

Auf welche Fragen meint Freud eine deutliche Antwort gefunden zu haben?

1. Moses hat laut Freud tatsächlich gelebt, sogar zwei Mosesgestalten haben dafür figuriert: ein ägyptischer und ein kanaanitischer Moses, die in der biblischen Geschichte zu einer verschmolzen sind.
2. Moses entstammt vermutlich dem ägyptischen Adel im Umfeld des Pharaos.
3. Die neue hebräische Religion geht auf den Atonkult zurück.
4. Der Auszug aus Ägypten hat wahrscheinlich stattgefunden, auch wenn er nur einer von vielen war. Der Zeitpunkt kann vor 1900 v. Chr. liegen, als auf der Sinaihalbinsel ein Savannenklima herrschte und Tausende (beduinischer) Hirten hier leben konnten.
5. Das Auserwählte Volk ist weniger von Gott als von Moses auserwählt worden, er hat es zu seinem Volk auserkoren[119].

119 Freud geht von dem häufiger zu beobachtenden Phänomen aus, dass unsere Vorfahren nach einer gewissen Zeit als Götter verehrt werden. In Fußnote 5 wird ein Beispiel für eine solche Vergöttlichung eines Königs genannt: Gilgamesch aus Uruk wird zwei Jahrhunderte später als „der Göttliche“ bezeichnet.

6. Die Beschneidung wurde von Moses als Zeichen des Bundes mit Gott eingeführt.

So hätte Freud es womöglich gesehen, wären ihm alle oben genannten Fakten bekannt gewesen.

Und an wen hat sich Freud mit diesem Buch gewandt? An die Juden, die Brüder des Bundes, an die Brüder in der Psychoanalyse, an die Nichtjuden und die Antisemiten.

Aber als Anthropologe – nicht als gläubiger Jude – zieht er weitere Schlussfolgerungen. Er sagt, dass die Juden sich der Entwicklung entzogen haben, den Weg von Paulus zu beschreiten, der sich von den unbewussten Schuldgefühlen im jüdischen Volk lösen konnte, indem er glaubte, dass Jesus von Nazareth den Tod auf sich genommen hat, wodurch die Erlösung, die das Schuldbewusstsein beschwor, an dessen Stelle trat. Die Idee einer universalen Religion, wie es der Atonkult vor seiner Übernahme durch das neue jüdische Volk war.

Freud sagt: „*Warum es für die Juden unmöglich gewesen ist, den Fortschritt mitzumachen, den das Bekenntnis zum Gottesmord bei aller Entstellung enthielt, wäre Gegenstand einer besonderen Untersuchung. Sie haben damit gewissermaßen eine tragische Schuld auf sich geladen; man hat sie schwer dafür büßen lassen.*“

Freud schrieb dieses Buch nicht nur für die Juden im Allgemeinen, sondern für seine Brüder, die B'nai B'rith. In der hebräischen Vorrede zu *Totem und Tabu* (siehe S. 3) aus dem Jahr 1930 wird das deutlich. Im Grunde sagt er zu diesen Brüdern: *Ich bleibe euer Bruder, auch wenn ich mit euch in vielerlei Hinsicht nicht einer Meinung bin. Und ich habe euch erklären wollen, warum. Als Jude bleibe ich Jude, aber ich rufe euch auf, dem neuen Judentum beizutreten. Dazu brauchen wir uns nicht in das Gelobte Land Palästina zurückzuziehen, sondern wir müssen uns in die europäische Geschichte integrieren, je schwer uns die Nichtjuden das auch machen mögen.*

Und zu den Nichtjuden sagt Freud: *Ich verstehe, dass ihr Probleme habt mit den Juden, ich verstehe euren Neid auf unsere Begabungen und Leistungen, und dass wir uns zugedacht haben, das von Gott auserwählte Volk zu sein. Ich glaube nicht an diesen Gott oder an andere Götter, aber ich verstehe, woher das Gefühl der Auserwähltheit bei den Juden kommt. Denn Moses hat uns, als unser Gott, zu seinem Volk gemacht. Lasst uns Juden dieses Gefühl behalten und macht euch unsere Anstrengungen zunutze, denn im Grunde gehören wir alle zu Europa, zur ganzen Welt.*

Freud war begeistert von dem Begriff der Ambivalenz, den Bleuler benutzt hatte. Am Ende dieser Abhandlung wird deutlich, dass es Freud um die Ambivalenz der Menschen gegenüber ihren Mitmenschen ging, die nur ein wenig anders sind als sie selbst, von Nichtjuden gegenüber Juden, Antisemiten gegenüber orthodoxen und säkularisierten oder assimilierten Juden. Er selbst scheint ebenso ambivalent zu sein wie die Juden André Green und Raymond Aron, trotz seines Bemühens, vorurteilsfrei zu denken.

Abschließend hat Freud folgende Botschaft an seine Leser: *Ich verstehe, woher die Ambivalenz kommt. Aber wir brauchen nicht daran festzuhalten, wir haben vor langer Zeit den ersten Gesellschaftsvertrag geschlossen, der oft gebrochen wurde, aber wir müssen unseren Auftrag, auch weiterhin die Gesellschaft zu strukturieren, erfüllen, wir dürfen nicht in unseren Ambivalenzen stecken bleiben und können eine Weiterentwicklung nicht dadurch verhindern, dass wir an Traditionen festhalten, von denen wir uns lösen müssen. Die Auserwähltheit gegenüber anderen Völkern müssen wir aufgeben und akzeptieren, dass wir zwar homo sapiens, aber letztlich normale Menschen sind.*

Epilog

Was lässt sich aus dieser Abhandlung schließen? Als Verfasser dieses Artikels habe ich mich bemüht, zu untersuchen, was Freud mit seiner Studie und der Veröffentlichung dieses Themas eigentlich im Sinn hatte, zu einer Zeit, wo die Juden extrem unter dem Terror der Nazis litten. Man kann sich durchaus fragen, ob man die Schlussfolgerungen Freuds überhaupt ganz ernst nehmen kann, schließlich hat er den Holocaust nicht erlebt. Das ist natürlich eine schwierige Frage, weil ein solches Argument an sich alles über den Haufen werfen kann. Freud wusste, dass es in der Vergangenheit große Katastrophen gegeben hatte, die wir als Menschen verarbeiten mussten, um in unserer Entwicklung fortzuschreiten. Er ließ sich nicht an Traditionen fesseln, aber er erkannte, dass jedes Trauma früher oder später in dem Bemühen um Weiterentwicklung verarbeitet werden muss. Der Holocaust war ein solch absurd aggressives Geschehen, dass eine Verarbeitung an sich schon nicht recht möglich ist. Über diesen Aspekt der

Verarbeitung solcher Traumata hat der Psychoanalytiker Vamik Volkan[120] eine Studie verfasst, in der er neben dem Begriff *Chosen Glory* auch den des *Chosen Trauma* einführt, das nicht verarbeitet werden *darf*, sondern weiterleben *muss*. Als Beispiel nennt er *The Long Walk* der Navajos, als seinerzeit 8000 Indianer nach der Verwüstung ihres Lebensraums und der Verbannung in ein 400 Kilometer entferntes Gebiet ums Leben kamen. Volkan erzählt dies – neben anderen Beispielen aus anderen Völkern – weil die Navajos heute noch so darüber reden, als wäre das Ganze erst gestern und nicht im Jahr 1864 geschehen.

Wie deutlich wird hat Freud – zu seinem eigenen Schrecken – entdeckt, dass er trotz seines Wunsches, der jüdischen Frage vorurteilsfrei zu begegnen, unbewusst fanatisch jüdisch bleibt. Aber dieser Restfanatismus hindert ihn nicht daran, seine bewusste Sichtweise dieses Problems öffentlich zu machen.

Er hat einen Wunschtraum über das *neue Judentum* und eine Heimat für die Juden in Palästina. Hilda Abraham schrieb, dass Freud die Balfour-Deklaration im Jahr 1917 sehr begrüßt hat, die den Juden eine Heimstatt bot. Für ihn, der die Wissenschaft *vorurteilsfrei* betrieb, war jedoch die ganze, nur aus einem Satz bestehende Erklärung gültig: „*[…]wobei, wohlverstanden, nichts geschehen soll, was die bürgerlichen und religiösen Rechte der bestehenden, nicht jüdischen Gemeinschaften in Palästina oder*

120 Volkan, Vamik: *Bloodlines. From ethnic Pride to ethnic Terrorism.* Westview Press, Boulder,1997. p.36–49.

die Rechte und den politischen Status der Juden in anderen Ländern in Frage stellen könnte"[121]

Diese zweite Hälfte des Satzes wird gegenwärtig in der Regel weggelassen; die meisten Leser wissen nicht einmal, dass dieser Satz so lautete, aber die Wissenschaft, wie Freud sie seinen Vorlesungen zur Einführung in die Psychoanalyse Neue Folge zuletzt beschreibt, verlangt, ihn nicht zu vergessen.

Möglicherweise würde Freud uns – Juden und Nichtjuden – aus seinem Wissenschaftsverständnis heraus erklären:

Lasst die Juden erkennen, dass ihr alleiniger Anspruch auf das Heilige Land nach mehr als 2000 Jahren *nicht mehr glaubwürdig* und folglich das Wissen *nicht mehr rechtsgültig* ist. Dass das Versprechen des Gottes jener Zeit nicht mehr länger eine Richtschnur sein kann.

Lasst die Palästinenser akzeptieren – so schwer das auch sein mag – dass eine Teilung Palästinas nun einmal von den Vereinten Nationen verfügt wurde und dieser Beschluss *nicht mehr rückgängig gemacht werden kann.*

121 'Foreign Office, November 2nd, 1917
Dear Lord Rotschild,
[…] "His Majesty's Government in View with favour the establishment in Palestine of a national home for the Jewish people, and will use their best endeavours to facilitate the achievement of this object, *it being clearly understood that nothing shall be done which may prejudice the civil and religious rights of existing non-Jewish communities in Palestine* [Hervorhebung vom Autor], or the rights and political status enjoyed by Jews in any other country." […]
Yours sincerely,
Arthur James Balfour

Lasst beide Parteien, Juden und palästinensische Fellachen, sich damit abfinden, dass *die Grenzen von 1967 uneingeschränkt* akzeptiert werden müssen.

P. J. van den Berg, Psychoanalytiker

Nachwort

Diesen Text habe ich Freunden und Kollegen zur Beurteilung vorgelegt. Manche von ihnen haben den Krieg erlebt, andere sind nach dem Krieg geboren.

Zur ersten Gruppe gehört auch Hajo Meyer, ein seiner Herkunft nach deutsch-jüdischer Intellektueller, kein Psychoanalytiker, der vor dem Krieg als vollkommen assimilierter Jude in der deutschen Kultur Goethes aufwuchs, für Hitler jedoch nichts anderes als ein Jude war und folglich nach Auschwitz deportiert wurde. Er hat dies überlebt. Danach beschloss er, sein Leben als vollkommen säkularisierter europäischer Jude weiterzuführen.

Wegen seines Hintergrunds habe ich ihn gebeten, ein Vorwort zu schreiben. Ja, sagte er, aber es wird durchaus kritisch ausfallen. Gern, habe ich geantwortet.

Danksagung

Mein herzlicher Dank gebührt meiner Frau, Eugenie Oosterhuis, meinen Freunden Herrn Burchard Pennink und Dr. Hajo G. Meyer.

Und vor allem danke ich meiner Tochter Lidewij, die sich bemüht hat mit der anstrengenden Arbeit der Redaktion.

März 2012 *P. J. van den Berg*

Register